Die Welt erleben

IRLAND

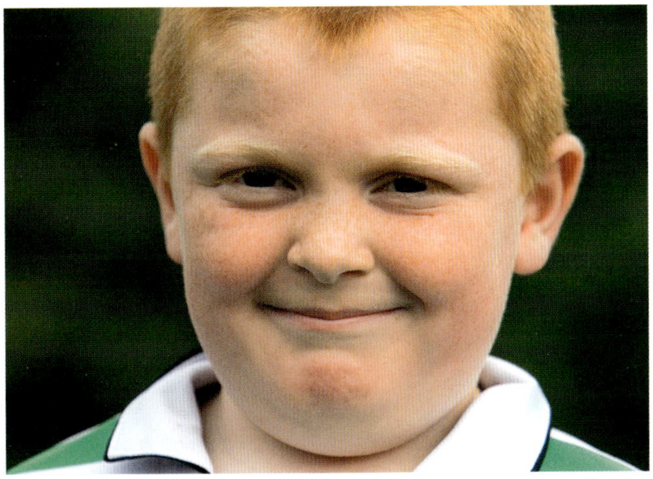

Wer weder durch Butter noch Whiskey geheilt wird,
hat keine Heilung zu erwarten.

Irisches Sprichwort

Die Welt erleben

IRLAND

Die Grüne Insel im Atlantik

Holger Leue
Hans-Christian Oeser
Ingolf Pompe
Ralf Sotscheck

BRUCKMANN

Willkommen in Irland

Die Grüne Insel im Atlantik erleben 20

Dublin – zwischen Dorf und Metropole 40

Four Courts – Nationalmuseum – Trinity College – Temple Bar

Man sagt, dass Dublin Humor, Gelassenheit und vor allem Gastlichkeit besitzt. Es ist außerdem trotz seiner Ausdehnung eine intime Stadt geblieben, das Zentrum ist bequem an einem Tag zu erwandern. Besonders auffällig ist das Nebeneinander von amerikanischen Einflüssen und dörflichem Charakter.

Leinster – wo Häuptlinge zu Priesterkönigen wurden 60

Hill of Tara – Slane Hill – Banagher – Kildare – Glendalough – Kilkenny – Wexford

Von den historischen Provinzen Irlands weist Leinster die höchste Bevölkerungsdichte auf: Allein im Großraum Dublin lebt mehr als ein Drittel aller Iren. Das hat geografische und historische Gründe. Nur nach Osten hin öffnet sich der Gebirgsring, und die Zentralebene erstreckt sich bis zum Meer. Damit wurde vor allem der Küstenstrich zwischen Dublin und Dundalk zum klassischen Einfallstor für Invasoren.

Munster – Feen, Elfen, Leprechauns 80

Waterford – Cashel – Cork – Beara Peninsula – Killarney – Ring of Kerry – Dingle Peninsula – Blasket Islands – Burren

Traumhafte Küsten, Irlands höchste Berge, reizvolle Städte wie Cork oder Dingle, eine mediterrane Vegetation, Zeugnisse vergangener Zeiten wie der Rock of Cashel und das Staigue Fort, bizarre Inseln im Atlantik, die Cliffs of Moher und der karge Burren, einsame Wanderwege und abgelegene Seen – vielen gilt der Süden und Südwesten als Schatzkammer.

Connacht – nächster Halt: Amerika 104

Aran Islands – Galway – Connemara – Mayo Island – Achill Island – Donegal

Connacht ist alles andere als fruchtbar, und das lockte einst weder Wikinger noch Normannen, weder königliche noch Cromwellsche Kolonisten. Das wenige Vieh, das hier gezüchtet wird, muss zur Mästung in die fetteren Weidegründe des Ostens geschafft werden. Seit der wirtschaftliche Aufschwung zu Ende gegangen ist, hat die Landflucht im Westen wieder eingesetzt.

Seite 10 *Sommerliche Freuden vor der Christ Church Cathedral in Dublin.*
Seite 12/13 *Das Meer vor Dalkey an einem ruhigen Tag. Ideal für Taucher und Touristen, die mit kleinen Booten nach Dalkey Island übersetzen möchten.*
Seite 14/15 *Kilkenny Castle: kleine Pause am Springbrunnen vor der Führung durch die ehemalige Normannenburg mit weitläufigem Park.*
Seite 16/17 *Das Quay Cottage direkt am Wasser in Westport ist für frischen Fisch und Meeresfrüchte bekannt.*
Seite 18/19 *Teatime im Salon des Adare Manor Hotel & Golf Resort. Das Herrenhaus (19. Jh.) gehörte einst dem Earl of Dunraven und zählt heute zu Irlands vornehmsten Schlosshotels.*

PROVINZEN UND GRAFSCHAFTEN
0
50
N
Staatsgrenze
Provinzgrenze
Grafschaftsgrenze
DONEGAL
Derry
Antrim
Lifford
Tyrone
ULSTER
Belfast
Fermanagh
Down
Sligo
SLIGO
LEITRIM
Armagh
Monaghan
MONAGHAN
MAYO
Carrick-on-Shanno
Cavan
CAVAN
Dundalk
Castlebar
ROSCOMMON
LOUTH
Longford
LONGFORD
Navan
Roscommon
Mullingar
MEATH
CONNACHT
WESTMEATH
LEINSTER
DUBLIN
Galway
Tullamore
Dublin
GALWAY
OFFALY
Naas
KILDARE
Port Laoise
WICKLOW
Wicklow
CLARE
LAOIS
Ennis
Carlow
Limerick
Kilkenny
CARLOW
LIMERICK
TIPPERARY
KILKENNY
Clonmel
WEXFORD
Tralee
KERRY
MUNSTER
Waterford
WATERFORD
Wexford
Cork
CORK
North Channel
TORY ISLAND
Bloody Foreland
FANAD-HALBINSEL
Malin Head
Malin
INISHOWEN-HALBINSEL
ARAN ISLAND
Culdaff
GLENVEAGH NATIONAL PARK
Milford
Buncrana
Greencastle
Giant's Causeway
Portrush
Moville
Rathmelton
Portnoo
Grianan of Aileach
Ballycastle
Letterkenny
Coleraine
Ardara
Derry (Londonderry)
Stranorlar
Antrim Coast
Glens of Antrim
Donegal
Killybegs
Bann
Donegal Bay
NORD-IRLAND
BOA ISLAND
Omagh
Antrim
Larne
Belmullet
Ballycastle
Bangor
Lough Erne
ACHILL ISLAND
Keel
Mayo
Sligo
Florence Court
Lough Neagh
Ballina
Yeats Country
Enniskillen
Belfast
Mulrany
Lough Conn
CLARE ISLAND
Clew Bay
Newport
Armagh
Charlestown
Croagh Patrick
Castlebar
Westport
Ulster Canal
Boyle
Kylemore Abbey
Killary Harbour
Downpatrick
Clifden
Leenane
Claremorris
Newry
Ballinrobe
Cavan
Suck
Maam Cross
Cong
Dundalk
Longford
ATLANTISCHER OZEAN
Oughterard
Tuam
Roscommon
Lough Ree
Royal Canal
Dundalk Bay
Connemara
Castle-pollard
Kells
Cashel Bay
Monasterboice
ARAN ISLANDS
Galway
Athlone
Boyne Valley
Mullingar
Drogheda
Newgrange
Kinvarra
Ballyvaughan
Trim
Tara
Cliffs of Moher
Burren
Clonmacnoise
Hill of Tara
Lisdoonvarna
Shannon
Tullamore
Lahinch
Grand Canal
Corofin
Maynooth
Malahide
Kilkee
Howth
Ennis
Lough Derg
Naas
Dublin
Kilrush
Roscrea
Kildare
Enniskerry
Bunratty Castle
Bray
Mouth of the Shannon
Shannon
Tarbert
Limerick
Adare
Glendalough
Carlow
BLASKET ISLANDS
DINGLE-HALBINSEL
Wicklow Mountains
Wicklow
Tralee
Dingle
Tipperary
Dingle Bay
Kilkenny
Barrow
Kilmallock
Cashel
Cahirciveen
Killorglin
Arklow
IVERAGH-HALBINSEL
Kanturk
Killarney
Jerpoint
Skellig Michael
Waterville
Clonmel
Kenmare
Blackwater
Suir
St. George's Channel
Macroom
Wexford
BEARA-HALBINSEL
Glengarriff
Lee
Waterford
Cork
Rosslare
Bantry Bay
Rosslare Harbour
Bantry
Bandon
Cobh
Youghal
Ardmore
Hook Head
Skibbereen
Kinsale
Mizen Head
N
50 km
31 miles

QUAY COTTAGE
RESTAURANT
GEORGINA CAMPBELL
2004
Ireland
1999

Quay
Cottage
FRESH SEAFOOD
RESTAURANT
WIR SPRECHEN DEUTSCH
ICI EN PARLE FRANCAIS

THE LANTERN
B&B
WILD BANKS
Restaurant

Die Grüne Insel im Atlantik erleben

Irland – das ist die sagenumwobene »Grüne Insel«: Schon beim Landeanflug auf einen der irischen Flughäfen – und das gilt auch für Dublin – lassen sich die 40 verschiedenen Grüntöne ausmachen, die die Iren im Volkslied besingen. Doch gibt es in Irland mehr als nur Felder und Wiesen: den Südwesten mit seinen Palmen, die der Küste vorgelagerten Inseln, das Bergland im Süden, die Wicklow-Berge mit ihren Hochmooren im Südosten, die kargen Granitberge im Nordwesten und die zerklüftete Küste im Norden. Nicht zu vergessen Dublin, die Hauptstadt an der Liffey, die sich in den vergangenen 20 Jahren von einem verschlafenen Provinznest zu einer modernen Metropole mit kosmopolitischem Flair entwickelt hat.

Viel Grün und gemütliche Pubs in restaurierten Häusern: Dingle im County Kerry entspricht dem typischen Bild des dörflichen Irlands.

Céad, Míle, Céad Míle Fáilte Romhat!

Glaubt man den Klischees, sind die Iren gottesfürchtig, trinkfest, rothaarig und immer zu einem Schwätzchen aufgelegt. Sicher: 93 Prozent der Iren sind katholisch, aber die römisch-katholische Kirche hat nicht zuletzt aufgrund zahlreicher Skandale stark an Einfluss verloren – inzwischen gehen nur noch 60 Prozent

jeden Sonntag zur Messe. Die lange mit Erfolg verhüteten Verhütungsmittel gehören heute zum Alltag und finden sich in jeder Apotheke und in vielen Toiletten. Die Scheidung, jahrzehntelang verboten, ist seit der Volksabstimmung 1995 freigegeben, selbst das in der Verfassung festgeschriebene Abtreibungsverbot wurde gelockert.

Die Pubs gelten zu Recht als die zweiten Wohnzimmer der Iren. Da es jedoch auch eine Viertelmillion Abstinenzler gibt, liegt Irland im Alkoholverbrauch längst nicht an Europas Spitze. Dafür sind die Iren aber mit 200 Litern pro Kopf und Jahr Weltmeister im Teetrinken, und zu einer Tasse Tee gehört der »small talk« über das Wetter, die Nachbarn oder das Hurling-Endspiel. Doch in Dublin und den anderen Großstädten hat der wirtschaftliche Aufschwung (der allerdings 2008 ein jähes Ende fand) auch eine gewisse Eile, manchmal sogar Hektik mit sich gebracht, die das Gerede von der grundsätzlichen Entspanntheit der Iren Lügen straft. Und was die Haarfarbe betrifft: Nur vier Prozent sind rothaarig! Unwahr ist auch, dass alle Iren Patrick heißen. Allerdings ist es der häufigste Vorname. Mit der Abkürzung, Paddy, bezeichnen die Engländer die Nachbarn gerne kollektiv und etwas geringschätzig. Dabei stammte Patrick, Irlands Schutzheiliger, eigentlich aus Wales. Von dort hatten irische Kelten ihn um das Jahr 405 entführt und nach Irland verschleppt. Sechs Jahre später gelang ihm die Flucht nach Britannien. Er erwarb die Priesterwürde, kehrte 432 – nun freiwillig – nach Irland zurück, gründete Kirchen und bildete Priester aus. Seither gilt er als der Apostel der Iren – nicht ganz zu Recht, denn die Christianisierung des Landes hatte schon vor ihm begonnen. Bei seinen Predigten griff er, um den Iren die Dreifaltigkeit zu demonstrieren, zu einem dreiblättrigen Kleeblatt, dem »Shamrock«. Heute ist das Kleeblatt (neben der Harfe) das Nationalsymbol, und die Iren feiern den Geburtstag des Heiligen am 17. März mit Festumzügen und Trinkgelagen – und zwar nicht nur in Irland. Der St. Patrick's Day wird überall dort begangen, wo irische Auswanderer und ihre Nachfahren leben. 70 Millionen Menschen in aller Welt berufen sich auf ihre irischen Wurzeln, die meisten davon in den USA. Wer in New York einmal an einem Festumzug für den heiligen Patrick teilgenommen hat, wird davon überzeugt sein, dass sämtliche Vorurteile über Irland und die Iren einen wahren Kern haben.

Der Mythos vom ewigen Regen

Regelmäßig heißt es in den deutschen Nachrichten: »Aus Irland zieht ein Tiefausläufer nach Deutschland«, und so hat Irlands Wetter einen schlechten Ruf. Ganz so schlimm ist es jedoch nicht. Zwar regnet es oft und heftig, aber nur selten unausgesetzt. Vielleicht war das zu Heinrich Bölls Zeiten anders. 1957 schrieb der Kölner in seinem *Irischen Tagebuch*: »Der Regen ist hier absolut, großartig und erschreckend.« Das ist übertrieben. So mancher ist auch schon sonnengebräunt nach Hause gefahren – die Kombination von Wasser, Felsen und Sonne kann selbst in Irland zu Hautverbrennungen führen.

1 *Viele Iren begeistern sich für den Pferdesport und besuchen die Dublin Horse Show im August – auch bei Regen.* – 2 *Soldaten der irischen Marine grüßen aus Dublins Nachtschwärmerviertel Temple Bar.* – 3 *Wer einen Iren nach dem Weg fragt, bekommt in der Regel hilfsbereit Auskunft.*

THE TEMPLE BAR
48
FINE SMOKING
TOBACCO
DANMARK
DANMARK

2

THE QUAYS
KILKENNY
Restaurant
OPEN
CARPE DIEM

3

1

2

Gesprächsthema ist das Wetter allemal. Im Jahresdurchschnitt ist es zwar ziemlich gleichbleibend, kann an einem einzigen Tag aber mehrmals umschlagen. Ob morgens beim Bäcker, in der Bank oder auf einer einsamen Landstraße – jede Unterhaltung beginnt mit einer Bemerkung über das ungewöhnliche Wetter, das dabei nur in Ausnahmefällen ungewöhnlich ist. Ein Satz des Dubliner Satirikers Jonathan Swift stimmt dagegen immer: »Das Wetter ist sehr warm, wenn man im Bett ist.«

Irland hat mindestens zwei große Eiszeiten erlebt, wie abgeschliffene Felsen, Bergseen, Stichtäler und Ablagerungen aus Sand, Kies und Ton bezeugen. Die Trennung Irlands vom Festland erfolgte nach der letzten Eiszeit, in der viele urzeitliche Pflanzen und Tiere ausstarben, sodass es heute weit weniger Arten gibt als in anderen Ländern Europas. Dass es an Bäumen fehlt, hat indes andere Gründe: Sie sind unter anderem für den Bau der britischen Kriegs- und Handelsflotte abgeholzt worden. Der Waldbestand macht trotz gezielter Wiederaufforstungsmaßnahmen nur noch etwa acht Prozent der Bodenfläche aus. Dafür gibt es die typischen Hecken und eine beeindruckende Vielfalt von Stechginster, Fuchsien und Rhododendren – zur Blütezeit übersäen unzählige Farbtupfer die »Grüne Insel«.

Unterdrückung und Widerstand

Die vier historischen Provinzen Irlands haben heute keine politische oder administrative Bedeutung mehr, sondern spielen nur noch bei Sportwettkämpfen und als Herkunftsbezeichnung eine Rolle: Ulster im Norden, Leinster im Osten, Munster im Süden und Connacht im Westen. Die Provinzen sind in 32 Grafschaften unterteilt, von denen 26 zur Republik gehören. Das mit Großbritannien zum »Vereinigten Königreich« zusammengeschlossene Nordirland umfasst sechs der neun Grafschaften Ulsters und wird deswegen von irischen Nationalisten nur »The Six Counties« genannt, wohingegen Unionisten den Begriff »Ulster« auf Nordirland einschränken.

Seit 800 Jahren wird Irlands Geschichte von der mächtigeren britischen Nachbarinsel geprägt. Als im 12. Jahrhundert die Anglo-Normannen den Fuß auf die Insel setzten, verloren die irischen Stammeskönige alsbald ihre Unabhängigkeit. Zwar wurden die ersten Invasoren in das irische Clan-System eingegliedert, doch Heinrich VIII. und Elisabeth I. verfolgten eine grausame Eroberungspolitik. Da sich die Reformation in Irland nicht per Dekret durchsetzen ließ, »pflanzte« Elisabeth I. königstreue protestantische Schotten und Engländer, die Land zugeteilt bekamen und etwaige Rebellionen im Keim ersticken sollten. Nach der Niederlage der Iren und der mit ihnen verbündeten Spanier in der Schlacht bei Kinsale 1601 und nach der »Flucht der Grafen« 1607 stand Irland endgültig unter wirtschaftlicher und militärischer Kontrolle Englands. Als bei einem neuerlichen Aufstandsversuch 1641 Tausende protestantische Siedler getötet wurden, entsandte das Londoner Parlament Oliver Cromwell als Statthalter nach Irland. Mit einer 12 000 Mann starken Armee vertrieb er die keltische Bevölkerung aus den fruchtbarsten Gegenden und drängte sie ins karge Connacht zurück. Ein Viertel der katholischen Bevölkerung kam dabei ums Leben, Tausende wurden als Sklaven an die englischen Kolonien verkauft.

3

Als der Katholik Jakob II. im Jahr 1685 den englischen Thron bestieg, keimte bei den Iren wieder Hoffnung auf. Doch die Machtverschiebung währte nicht lange, drei Jahre später wurde Jakob in der »Glorreichen Revolution« von seinem

1 *Schafe bilden vertraute helle Tupfer in der irischen Landschaft.* – 2 *Den Connemara-Nationalpark im Westen Irlands prägen Moorlandschaften und Heidegebiete. Auf der Pine Island im Park leben zahlreiche Vogelarten.* – 3 *Rosen sind in Irland ein Symbol für Liebe, Schönheit, Freiheit und Zeitlosigkeit.*

eigenen Schwiegersohn Wilhelm von Oranien gestürzt. Er floh nach Irland, wurde dort aber 1690 in der Schlacht am Boyne besiegt. Die Iren mussten für Jakobs Unterstützung bitter büßen: Katholiken durften nicht mehr studieren, wählen, Schulen gründen, Kirchen bauen, eine politische Laufbahn einschlagen, ein Pferd

1

besitzen oder Waffen tragen. Damals machte Jonathan Swift seinen berüchtigten Vorschlag, irische Säuglinge zu mästen und sie reichen Engländern als kulinarische Delikatesse vorzusetzen.

Diese Zwangsherrschaft forderte unweigerlich Widerstand heraus, und es entstand jener Nationalismus, der zum Teil bis heute fortbesteht. Anfangs war dieser durchaus nicht identisch mit Katholizismus und Gälizismus. So wurden die revolutionären United Irishmen, die Irland nach französischem Vorbild in eine unabhängige Republik umwandeln wollten, 1791 von dem protestantischen Anwalt Theobald Wolfe Tone gegründet. Da ihre geheimen Pläne verraten wurden, scheiterte ihr Aufstand 1798. Wolfe Tone brachte sich in der Haft um, seine Ideen jedoch lebten weiter und gewannen an Einfluss. Im Nordosten der Insel riefen deshalb konservative Protestanten den Oranier-Orden ins Leben, der die alten Religionsstreitigkeiten mit antikatholischen Parolen wiederaufleben ließ. Die englische Regierung nahm die erstarkenden Unabhängigkeitsbestrebungen zum Anlass, mit dem »Act of Union« Irland auch formal ihrem Herrschaftsbereich einzuverleiben. So entstand 1801 das »Vereinigte Königreich von Großbritannien und Irland«.

Erst 120 Jahre später konnte Irland eine (sowohl geografisch wie konstitutionell begrenzte) Teilunabhängigkeit erkämpfen. Ende des 19. Jahrhunderts hatten die nationalistischen Bewegungen, die sich für die irische Selbstverwaltung, den Schutz der Pachtbauern und die Pflege der irischen (»gälischen«) Sprache einsetzten, immer stärkeren Zulauf erhalten. Als der Erste Weltkrieg ausbrach, hielt man die Stunde der Befreiung für gekommen, da Englands Armee anderweitig beschäftigt war. Doch der Osteraufstand 1916 war schlecht organisiert und wurde nach nur fünf Tagen niedergerungen. Weil die englische Regierung 16 der Anführer hinrichten ließ, brachte sie jedoch die bis dahin eher teilnahmslose Bevölkerung gegen sich auf. Die nationalistische Partei Sinn Féin gewann bei den Wahlen fast drei Viertel der Mandate, rief sogleich die Republik aus und löste damit einen Unabhängigkeitskrieg aus, der nach zwei Jahren mit einem unter Androhung eines »sofortigen entsetzlichen Krieges« aufgenötigten Friedensvertrag endete: Die sechs nordöstlichen Grafschaften verblieben im Vereinigten Königreich, aus den übrigen 26 Grafschaften wurde der Irische Freistaat mit Dominionstatus (die Republik wurde erst 1949 proklamiert). Die Teilung Irlands spaltete auch die ehemaligen Kampfgenossen, unter denen ein Bürgerkrieg ausbrach, der 1923 mit dem Sieg der Vertragsbefürworter und der Niederlage der Republikaner endete – Grundstein für den Nordirlandkonflikt 50 Jahre später.

Das neue Irland: frei und gälisch

Bei den politischen Auseinandersetzungen spielte die irische Sprache eine bedeutende Rolle: Das neue Irland sollte »frei und gälisch« sein. Heute ist Irisch laut Verfassung von 1937 offiziell zwar erste Landessprache, während Englisch nur als zweite, aber gleichberechtigte Amtssprache anerkannt wird, doch die Realität sieht anders

1 *Hochkreuze in der Klosterruine von Clonmacnoise, einer der Top-Sehenswürdigkeiten Irlands.* – 2 *Abends stimmungsvoll beleuchtet: die Burg Trim im County Meath.* – 3 *Messe in Charleville, County Limerick. 93 Prozent der Iren sind katholisch, doch längst nicht alle gehen in die Kirche.*

2

3

1

2

aus: Britische Kolonialpolitik und wirtschaftliche Entwicklungen haben dafür gesorgt, dass Gälisch immer weiter zurückgedrängt wird. Es könnte sein, dass das Irische demnächst nicht mehr als Muttersprache, sondern nur noch als Fremdsprache bestehen wird.

Irisch gehört der keltischen Sprachfamilie an, es ist eng verwandt mit dem schottischen Gälisch. Das irische Alphabet umfasst lediglich 18 Buchstaben und kennt trotz einer durchgreifenden Rechtschreibreform komplizierte Schreibungen. Bis zum 16. Jahrhundert vermochte sich die irische Sprache relativ ungehindert zu entwickeln. Erst Heinrich VIII. und seine Nachfolger versuchten, ihre aufsässigen irischen Untertanen zu befrieden, indem sie ihnen englische Gesetze und die englische Sprache aufzwangen. Hinzu kamen wirtschaftliche Aspekte: Dank des ökonomischen Aufschwungs im 18. Jahrhundert entstand eine katholische Mittelschicht, die einen schwunghaften Handel betrieb. Wer auf den britischen Märkten bestehen wollte, musste die englische Sprache beherrschen. Für die Auswanderer, deren Zahl während der Großen Hungersnot im 19. Jahrhundert dramatisch anstieg, waren englische Sprachkenntnisse sogar überlebenswichtig, da sie sonst von den US-amerikanischen Einwanderungsbehörden abgewiesen wurden. Auch die Kampagne Daniel O'Connells, des »Befreiers«, zur Emanzipation der Katholiken verlief weitgehend auf Englisch. Erlasse der Londoner Regierung versetzten dem Irischen dann den letzten Stoß. So war es nach der Hungersnot verboten, Irisch in der Schule zu sprechen. Für jedes geäußerte irische Wort bekam ein Kind in einen Holzstock, der um den Hals getragen wurde, vom Lehrer eine Kerbe eingeritzt. Bei einer bestimmten Anzahl Kerben wurden die Eltern des Kindes mit Lohnabzügen bestraft. Die gälische Sprache und die mit ihr verbundenen Überlieferungen und Traditionen wurden daher zum Anliegen der Autonomiebestrebungen Ende des 19. Jahrhunderts. 1893 gründete der Literaturwissenschaftler Douglas Hyde die Gälische Liga, welche die irische Sprache pflegen und erhalten wollte. Die Liga ging aus dem »Irish Literary Revival« hervor, einer literarischen Bewegung, der William Butler Yeats, John Millington Synge, Lady Gregory und die Schauspielerin Maud Gonne angehörten. Die führenden Köpfe des »Literary Revival« entstammten der protestantischen angloirischen Oberschicht, doch in ihren Werken knüpften sie an die von christlichen Mönchen des Mittelalters aufgezeichneten keltischen Mythen und an die Erzähltraditionen der Bauernschaft an.

In keinem anderen Land Europas hat sich eine so reiche Überlieferung an Sagen und Märchen erhalten wie in Irland. Sie sind fantasievoll, holen meist weit aus und beschreiben verwickelte Handlungen. Noch zu Anfang des 20. Jahrhunderts gehörte die Kunst des Geschichtenerzählens vor

3

4

5

1 *Trad Sessions: In vielen irischen Pubs geben Gäste spontan traditionelle Live-Musik zum Besten.* – 2 *Das dunkle Guinness hellt die Stimmung auf.* – 3 *In historischer Tracht zum mittelalterlichen Bankett im Dunguaire Castle.* – 4 *»An Ghaeltacht« bedeutet: In dieser Region wird Gälisch gesprochen.* – 5 *Orientierungspunkt in Dublin: die Statue der schönen Fischhändlerin Molly Mallone.*

allem im Westen der Insel zum Alltag. Wo Gälisch als Umgangssprache am längsten überdauert hat, wo Kleinbauern und Fischer relativ isoliert lebten, findet sich der reichste Schatz alter Überlieferungen. Die irische Dicht- und Erzählkunst reicht bis in die vorchristliche Zeit zurück. Mit den Kelten, die ab 200 v. Chr. nach Irland einwanderten, kamen auch die *filí*, die Dichter, an die Höfe der gälischen Aristokratie. Sie genossen eine hohe soziale Stellung, die besten von ihnen waren fast dem König gleichgestellt. Neben der Dichtkunst umfasste das oft 20 Jahre dauernde Studium eines *file* Geschichte, Musik, Rechtsprechung und Medizin. Danach hatte er Anspruch auf 24 Gefolgsleute, darunter einige Barden, die die Werke ihres Meisters vortrugen. Mit dem Zusammenbruch der gälischen Zivilisation Anfang des 17. Jahrhunderts verschwanden auch die *filí*. Die Tradition der Erzählkunst wurde von den Barden weitergeführt – den reisenden Sängern, die den Stoff für ihre Geschichten aus dem Volk bezogen und dafür sorgten, dass die Erzählungen an die nächste Generation weitergegeben wurden.

Nach Erringung der Unabhängigkeit 1922 unterstützte die neue Regierung die Bemühungen, die Folklore zu sammeln und zu katalogisieren, hatten doch einige bedeutende Dichter an der Freiheitsbewegung teilgenommen und gehörten jetzt der neuen Führungsschicht an. Irisch wurde Schulfach, und in der »Gaeltacht«, in der Irisch Umgangssprache war, erhielten die Menschen Steuererleichterungen und Zuschüsse beim Hausbau. Genützt hat es wenig, heute leben in den drei größten Gaeltacht-Gebieten an der Westküste weniger als 10 000 Menschen. Landflucht und der übermächtige Druck des Englischen machen der irischen Sprache zu schaffen. Umgekehrt ist in städtischen Gebieten und innerhalb der Mittelschicht ein Erstarken des Gälischen zu beobachten. Überleben werden in jedem Fall die zweisprachigen Ortsschilder und die Toilettenbezeichnungen, die schon so manchen Touristen in Verwirrung gestürzt haben. Wer nämlich zu der logisch scheinenden Schlussfolgerung gelangt, dass *Fir* Frau und *Mna* Mann heißt, geht durch die falsche Tür.

1

Die Nation der Dichter

Die Iren stehen nicht zu Unrecht in dem Ruf, eine Nation der Dichter und Erzähler zu sein. Bis zum 17. Jahrhundert bestand die irische Literatur hauptsächlich in der Aufzeichnung mündlicher Überlieferungen auf Irisch. Weltruhm erreichten jedoch jene Schriftsteller, die auf Englisch schrieben, etwa Jonathan Swift mit »Gullivers Reisen«. Irland hat vier Literatur-Nobelpreisträger hervorgebracht: William Butler Yeats, George Bernard Shaw, Samuel Beckett und Seamus Heaney. Doch keiner von ihnen übt eine solche Faszination aus wie der Dubliner James Joyce. Am »Bloomsday«, dem 16. Juni, wandeln jedes Jahr Tausende begeisterter Joyceaner auf den Spuren Leopold Blooms, der Hauptfigur des Jahrhundertromans »Ulysses«. 1924 schrieb Joyce in sein Notizbuch: »Wird sich jemand dieses Datums erinnern?« Das Datum, an dem sich die Odyssee eines modernen Jedermann zuträgt, ist ein Tag wie kein anderer, der Roman ein Unikum, ein Roman, »dessen Held die Sprache ist, dessen Stoff die Sprache ist und in dessen Handlung das Eigenleben der Sprache selbst beschrieben wird«, wie der deutsche Übersetzer Hans Wollschläger einmal sagte. »Ulysses« – das ist der längste Tag der Weltliteratur. Freilich gibt es auch im literarischen Bereich eine irische Eigenart, die das Klischee über die Insel zu bestätigen scheint: Während die Stadtverwaltungen in anderen Ländern sich damit begnügen, Statuen aufzustellen und an den Geburtshäusern verstorbener Dichter Gedenktafeln

1 *Bibliothek im Fünf-Sterne-Resort Adare Manor Hotel in Südwestirland.* – 2 *In der Stephen Street in Sligo erinnert seit seinem 50. Todestag 1989 eine Skulptur an den irischen Dichter William Butler Yeats. Eingraviert sind Zitate aus seinen Gedichten.*

BANK

BELIEVE
BELIEVE
BELIEVE
APC
GUINNESS
ROAD RUNNER
BELIE
GUINNESS
GALWAY RACES
EXIT No.5
1

galway races
FILA
2

anzubringen, kann man sich in Dublin darüber hinaus auf eine literarische Kneipentour begeben. Viele berühmte irische Schriftsteller waren nämlich genauso trink- wie schreibfreudig und haben ihren Lieblingspubs literarische Denkmäler gesetzt – neben James Joyce vor allem Brendan Behan, Oliver St. John Gogarty und Flann O'Brien. Bei den beliebten Führungen rezitieren Schauspieler Verse, erzählen Anekdoten und informieren über das Werk der Autoren. Wer gut aufpasst und die Quizfrage richtig beantworten kann, gewinnt am Ende womöglich eine Flasche Sahnelikör. Das kommt einer anderen Vorliebe der Iren entgegen, der Spiel- und Wettleidenschaft.

Spiel, Sport und Wetten

Der dritte Sonntag im September ist der Höhepunkt des irischen Sportkalenders: Seit über 100 Jahren wird an diesem Tag das Finale im Gälischen Fußball ausgetragen – einer Sportart, die nur entfernt mit Fußball zu tun hat. Die Regeln sind einfach: Ein Tor zählt drei Punkte, ein Schuss über die Querlatte zwischen den verlängerten Pfosten hindurch einen Punkt. Torrichter in weißen Kitteln überwachen die Flugbahn und signalisieren einen Punktgewinn mit Fähnchen. Der Ball darf mit der Hand gespielt, muss aber mit dem Fuß vom Boden aufgenommen werden. Die andere traditionelle irische Sportart ist Hurling – oder Camogie, wie die Version für Damen heißt. Hurling und Camogie gehören zu den schnellsten Feldspielen der Welt. Zwei Mannschaften versuchen, einen kleinen Lederball in das gegnerische Tor zu befördern. Dazu dürfen sie die Hand, den Fuß oder einen Eschenholzschläger benutzen, der einen Meter lang und am Ende breit abgeflacht ist. Gezählt wird genauso wie beim Gälischen Fußball. Es erscheint auf den ersten Blick brandgefährlich, wenn die Spieler ihre Schläger (»hurleys«) wie Keulen über dem Kopf schwingen, doch Verletzungen sind selten. Finanziell springt für die Spieler nichts dabei heraus: Irlands traditionelle Mannschaftsspiele werden von Amateuren ausgetragen.
Für die Zuschauer freilich gilt das nicht: Wo es in Irland um Sieg oder Niederlage geht, ist der Buchmacher nicht weit. Manch ausländischer Besucher ist zu der Überzeugung gelangt, die Iren würden nur deshalb Sport treiben oder Rennen veranstalten, weil das eine gute Gelegenheit zum Wetten ist. Und die Iren beschränken ihre Wettleidenschaft nicht nur auf den Sport. Man kann sein Geld nicht nur auf Windhunde, Pferde oder die Fußballnationalmannschaft setzen, sondern auf nahezu alles: weiße Weihnachten, das Geschlecht des Kindes einer schwangeren englischen Prinzessin, die nächste Papstwahl, sogar ein Datum für den Weltuntergang. Bei der Wett- und Spielfreude der Iren grenzt es an ein Wunder, dass die Staatslotterie erst Anfang der 1990er-Jahre eingeführt wurde. Seitdem träumt die halbe Nation jedes Wochenende vom Lottogewinn.

3

Aufschwung und Absturz

Auch wenn die Golfplätze auf Kosten der landwirtschaftlichen Nutzfläche wie Pilze aus dem Boden schießen, ist Irland noch immer Agrarland. Die Landwirtschaft, insbesondere die Viehzucht, macht knapp zehn Prozent der Gesamtwirtschaft aus – mehr als dreimal soviel wie im EU-Durchschnitt. Doch mit der Öffnung der Volkswirtschaft in den 1960er-Jahren, dem Beitritt zur EWG 1973, der Abkoppelung

1 *Die Rennbahn Ballybrit im irischen Galway zieht jeden Sommer Tausende begeisterter Zuschauer an.* – 2 *Richtig gewettet? Gespannte Blicke durch das Fernglas.* – 3 *Beim traditionellen irischen Volkssport Hurling geht es um Geschwindigkeit. Jede Mannschaft besteht aus 15 Spielern.*

vom Pfund Sterling und der Ansiedlung »sauberer« Industrien im pharmazeutischen Bereich und in der Computerfertigung hat Irland innerhalb von nur einer Generation den Quantensprung von der Agrarwirtschaft zur postindustriellen Gesellschaft bewältigt. Doch seit den 1990er-Jahren erlebt die Grüne Insel eine Berg- und Talfahrt: vom Armenhaus Europas zu einem der reichsten Länder der Welt – und zurück. 1987 wurde der Grundstein für einen Aufschwung gelegt, der in Europa beispiellos war. Damals schlossen Gewerkschaften, Arbeitgeber und Staat einen Sozialpakt, in dem sie Steuersenkungen, aber nur geringfügige Lohnerhöhungen vereinbarten. Gleichzeitig lockte man multinationale Konzerne mit niedrigen Körperschaftssteuern und schlüsselfertigen Fabriken nach Irland. Das Durchschnittseinkommen stieg um 60 Prozent, Arbeitslosigkeit wurde fast zum Fremdwort, in den Zeitungen nahmen die Stellenanzeigen mehrere Seiten ein.

Der Wirtschaftsboom und die damit verbundenen gesellschaftlichen Veränderungen waren über Irland rasant hereingebrochen. Den Weg, für den andere Länder Generationen brauchten, hatte Irland in gut zehn Jahren zurückgelegt. Mit dem Boom kamen die Einwanderer. In den 1980er-Jahren verließ ein Sechstel der Bevölkerung die Insel, bis der Tiefpunkt von 3,5 Millionen erreicht war. 1996 überstieg die Zahl der Einwanderer zum ersten Mal die der Auswanderer, nach der Jahrtausendwende kamen mehr als 50 000 Immigranten jedes Jahr. Die Bevölkerungszahl stieg auf über vier Millionen an, fast zehn Prozent waren Immigranten. Dublin wurde bunt und kosmopolitisch.
Deutsche, US-amerikanische, französische, britische und Schweizer Banken hatten Milliarden Euro in die irische Finanzwirtschaft investiert. Die Gelder flossen als Kredite vor allem in einen durch Steuervergünstigungen angefeuerten Bauboom. 2008 kam der Absturz. Die Immobilienblase platzte, die Baufirmen konnten ihre Kredite an die irischen Banken nicht zurückzahlen, und die wiederum konnten ihre Schulden nicht bei den internationalen Banken begleichen. Nun stehen 300 000 Häuser leer, es gibt Hunderte von Geistersiedlungen. Die irische Regierung musste die EU und den Internationalen Währungsfonds um Hilfe bitten. Die wurde ihr gewährt, 85 Milliarden Euro wurden bereitgestellt, doch die Bedingungen waren knallhart: ein drastisches Sparprogramm und hohe Zinsen. Die Folgen sind eine Arbeitslosenrate, die wieder auf dem Stand der 1980er-Jahre ist, sodass jede Woche tausend Iren auswandern müssen. Viele Gastarbeiter sind nach Osteuropa in ihre Heimat zurückgekehrt, sodass die Häuser, die sie in Dublin gemietet hatten, nun ebenfalls leer stehen.
Der Urlauber bemerkt das alles kaum. Die Preise in den Restaurants und Hotels sind zwar etwas gesunken, aber ein billiges Reiseziel ist Irland dennoch nicht. Doch eines trifft ganz gewiss auch heute noch zu: Ein Volk, das in seiner Sprache dem Ankömmling ein »hundertfaches, tausendfaches, hunderttausendfaches Willkommen« (»céad, míle, céad míle fáilte romhat«) entbietet, kann nicht anders als gastfreundlich und herzlich sein!

Gelungene Symbiose: Music Pubs

Hinter der Eingangstür ist kein Weiterkommen. Die Menschen stehen dichtgedrängt am Tresen, nur die Musiker haben Anrecht auf einen Sitzplatz am einzigen Tisch gleich neben dem Eingang. Die beiden Fiddler, der Gitarrist, die Blechflötistin und der Dudelsackspieler kämpfen gegen Stimmengewirr und Gläserklirren an – O'Donoghue's am Wochenende. Der Pub in der Dubliner Baggot Street gilt als »Wiege des Balladen-Booms und Brut-

1 *Für Fashion Victims und Fans origineller Objekte lohnt samstags ein Besuch auf Dublins Designermarkt in der Cows Lane.* – 2 *In den 1990er-Jahren noch das größte des Landes: das St. Stephen's Green Shopping Center.*

2

1

2

stätte der singing pubs«, wie es in einem Reiseführer heißt.

Declan Barden ist der Einzige, der hier den Überblick behält. Zwar glänzt seine Halbglatze vor Schweiß, doch das weiße Oberhemd und die Krawatte sitzen tadellos. Barden, seit 20 Jahren Besitzer von »O'Donoghue's«, steht auf einer Trittleiter hinter dem Tresen wie ein Kapitän auf der Kommandobrücke. Von dort oben nimmt er die Bestellungen der Gäste entgegen, denen es nicht gelingt, sich bis zum Tresen durchzuschlagen. Das Stammpublikum hat eine Zeichensprache entwickelt, mit der man auch bei größtem Lärm seine Bestellung aufgeben kann. Plötzlich stimmt einer der Musiker »The Town I Loved So Well« an, ein melancholisches politisches Lied über Derry in Nordirland. Im Nu kehrt Ruhe ein. Selbst im lautesten Pub wird einem Sänger diese Höflichkeit entgegengebracht – wohl deshalb, weil er sich schwerer als die Instrumentalmusiker gegen den Lärm durchsetzen kann.

O'Donoghue's gehört unter Fans irischer Volksmusik zu den bekanntesten Dubliner Wirtshäusern. Hier hat man den US-Senator Robert Kennedy zu einem Lied überredet, hier haben sich die »Dubliners« kennengelernt und zum ersten Mal zusammen gesungen. In der Ecke hinter dem Musikantentisch hängen gerahmte Porträtzeichnungen der bärtigen Bandmitglieder, von denen keines mehr am Leben ist.

Die traditionelle Musik gliedert sich in zwei Kategorien: Instrumentalmusik, die zum überwiegenden Teil als Begleitung für Volkstänze diente, und eine Art rezitativer Gesang, der meistens unbegleitet im »alten Stil« – oder »sean nós« – vorgetragen wird. Es gibt keine feste Melodie – sie wird von Strophe zu Strophe variiert. Dieser Stil ist eng mit der irischen Sprache verbunden und erinnert an orientalischen Gesang. Dazu traten später die englischsprachigen Balladen.

Als irischstes Musikinstrument gilt wohl der Dudelsack. Im Gegensatz zu den meisten anderen Ausprägungen der Sackpfeife wird er mit Hilfe eines Blasebalgs gespielt, der am Ellenbogen festgeschnallt wird – daher der irische Name »uilleann pipes« (»Ellenbogenpfeifen«). Seltener trifft man bei den »sessions«, den spontanen Zusammenkünften der Musikanten, auf Harfen. Dazu ist das Instrument wohl zu unhandlich und zu leise. Die Harfe beherrschte jedoch die irische Musik über Jahrhunderte hinweg. Sie wurde solo gespielt oder zur Begleitung von langen epischen Gedichten eingesetzt, die von den »filí« vorgetragen wurden, den Hofpoeten von hohem sozialen Rang. Harfenmusik war die Kunstmusik der keltischen Oberschicht. Nach dem Untergang der gälischen Zivilisation begannen die Barden, die bis dahin eine untergeordnete Rolle gespielt hatten, eigene Lieder und Gedichte zu schreiben, und zogen als Wanderharfner im Land umher. In den 1940er-Jahren interessierte sich niemand mehr für irische Musik – man hörte amerikanische Schlager. Aus den USA kam jedoch auch die Inspiration, die der irischen Musik zu neuem Leben verhalf: Im Sog der Folk-Welle, ausgelöst durch Woody Guthrie, entstanden zahlreiche Balladengruppen irischer Emigranten, die amerikanische Einflüsse mit ihren traditionellen Liedern kombinierten. Die ersten waren die Clancy Brothers, die schon bald zu Plattenmillionären wurden. Zur selben Zeit gründete der klassische Komponist Seán Ó Riada in Irland die »Ceoltóirí Chúlainn«, ein »Kammerorchester« mit ausgesuchten traditionellen Musikern, aus denen später die »Chieftains« hervorgingen – heute die

3

1 *Das »Bewley's Café« in der Grafton Street in Dublin ist bekannt für seinen frisch gerösteten Kaffee.* – 2 *Bei einem Drink, wie hier in einem Pub im County Mayo, lässt sich vieles zwangloser besprechen.* – 3 *In einem irischen Music Pub bestimmen die Gäste, ob es melancholisch oder euphorisch zugeht.*

Gralshüter der irischen Musik. Die Puristen waren zunächst entsetzt, doch der Erfolg gab Ó Riada recht: Anfang der 1970er-Jahre verschmolz seine Musik mit der Folk- und Balladentradition und löste damit eine Entwicklung aus, die bis heute nicht abgeschlossen ist. Donal Lunny, einer der einfallsreichsten Musiker Irlands, war unmittelbar an dieser Entwicklung beteiligt. Später waren es neben Christy Moore und Lunny der Dudelsackspieler Davy Spillane und Gruppen wie Planxty, die Bothy Band, Horslips und Moving Hearts, die Ó Riadas Werk fortsetzten. Sie entliehen aus der Rockmusik das Schlagzeug und die Verstärker, aus dem Jazz das Saxophon und schufen eine neue irische Musik, die seit den 1980er-Jahren auch die internationale Rockmusik beeinflusst.

Vor allem Galway im Westen der Insel gilt als Musikstadt. Erste Adresse ist das Róisín Dubh in der Dominic Street: ein großer, verwinkelter Pub mit Wänden aus unbehauenem Stein. Wenn es im Róisín Dubh zu voll ist, geht man zu Taylor's gleich nebenan, aber da herrscht meist dasselbe Gedrängel. Wer Live-Musik hören will, muss sich bis ans hintere Ende des Raums durchkämpfen. Nur drei Minuten zu Fuß entfernt, im Hafenviertel Claddagh, liegt The Crane, wo früher ausschließlich Hafenarbeiter verkehrten.

Der Schankraum mit seiner niedrigen Decke ist schäbig möbliert, an den wackligen Resopaltischen spielen alte Männer Karten. Hinter der Theke stehen ganze Batterien kleiner Whiskeyfläschchen bereit – in Arbeiterpubs ein traditioneller Seelentröster für daheimgebliebene Ehefrauen. Gegenüber vom Tresen führt eine schmale Treppe nach oben. »Ladies«, verkündet ein Schild. Doch im ersten Stock ist nicht nur die Damentoilette, sondern auch ein gemütlicher Raum mit dunkelbraunen Dachbalken und gepolsterten Bänken. Es gibt wenige Orte in Irland, wo man mit mehr Begeisterung Musik macht. Wenn die um den Tisch am Fenster gruppierten Musiker ihre Jigs, Reels und Horn-Pipes spielen, dann herrscht auch an einem Montagabend Wochenendstimmung.

Wegen der Musik kommen die Menschen im Sommer aus allen Landesteilen nach Inishbofin. Die Überfahrt von Cleggan mit der »Queen«, einer kleinen Personenfähre, dauert eine halbe Stunde. Die Einfahrt in den Naturhafen von Inishbofin ist allein schon die Reise wert. Rechts an der Hafeneinfahrt ragt die Ruine eines spanischen Piratenschlosses aus dem 16. Jahrhundert hoch, darunter ziehen sich lange Sandstrände hin. Wenn auf dem Festland die Zapfhähne versiegen, geht es bei »Day's« erst richtig los. Der Pub liegt nur 200 Meter vom Pier entfernt, gleich neben »Day's Hotel«. Gabriel O'Halloran steht am Tresen. Er ist Fischer, und er ist angezogen, als ob er auf hoher See wäre: Er trägt trotz der Wärme, die das Torffeuer im Kamin verbreitet, einen windfesten Anorak und eine schwarze Pudelmütze, unter der strähnige, graue Haare hervorschauen. Paddy, der Fiddler, hat sich fein gemacht. Er hat sein weinrotes Jackett an und spielt mit den beiden anderen Fiddlern um die Wette. Sobald einer die ersten Takte eines Stücks gespielt hat, stimmen die beiden anderen sowie der Banjo-Spieler und der Mann mit dem Knopfakkordeon ein, ihr Repertoire scheint unerschöpflich. Ab und zu steuert Gabriels Bruder Des O'Halloran ein Lied bei. Um zwei Uhr morgens macht der Pub schließlich dicht, die Musiker und die meisten Gäste haben bis dahin ausgeharrt.

1 *Gut gestärkt sollte ein Tag beginnen, finden auch die Iren: deftiges Frühstück.* –
2 *Frische Meeresfrüchte aus dem Atlantik gibt es im »Vaughan's Pub« in Liscannor im County Clare.*

2

Dublin

Man sagt, dass Dublin Humor, Gelassenheit und vor allem Gastlichkeit besitzt. Es ist außerdem trotz seiner Ausdehnung bis weit in die Ebene hinein im Innersten eine intime Stadt geblieben. Das Zentrum – irisch »An Lár« – ist bequem an einem Tag zu erwandern. Was heutzutage besonders auffällt, ist das Nebeneinander von moderner Millionenmetropole mit amerikanischen Einflüssen und kontinentalem Flair und Städtchen mit bisweilen geradezu dörflichem Charakter, der sich in etlichen Winkeln erhalten hat. Als kleines Dorf namens Dyfflin hatte alles begonnen.

Aus der Luft sieht man es am besten: Die O'Connell Bridge über den Fluss Liffey ist so breit wie lang, 50 Meter – aber erst seit sie im 19. Jahrhundert verbreitert wurde.

Zwischen Dorf und Metropole

Four Courts – Nationalmuseum – Trinity College – Temple Bar

Dublin fehlt es allenthalben an Reinlichkeit und Glanz. Aber die Schmuddeligkeit macht auch den Charme der irischen Hauptstadt aus. Doch Dublins Schriftsteller sind mit ihrer Heimatstadt nicht eben gnädig umgegangen. George Bernard Shaw, neben William Butler Yeats und Samuel Beckett einer der drei Literatur-Nobelpreisträger Dublins, fuhr durch die Stadt und »verfluchte jedes Haus, an dem ich vorbeikam«. Bei Sean O'Casey, dem großen Dramatiker, hieß es: »Lausiges, verfaultes, ekelhaftes Dublin, eine törichte Verneinung des Lebens.« James Joyce schrieb in einem Brief an einen Freund über seine Heimatstadt: »Wie sehr ich von Dublin die Nase voll habe! Es ist die Stadt des Versagens, des Grolls und der Unglückseligkeit. Ich sehne mich danach, sie zu verlassen.«

Die Stadt hat ihren Schriftstellern dennoch ein Museum gestiftet. Im Dublin Writers Museum am Parnell Square sind neben seltenen Büchern und Erstausgaben auch Gegenstände aus dem Nachlass berühmter irischer Dichter ausgestellt, in der Galerie im ersten Stock Porträts und Büsten. Genauso interessant ist das Nebengebäude: Dem Museum ist das Irish Writers' Centre angeschlossen, das Schriftstellern Arbeitsmöglichkeiten bietet und als Begegnungsstätte dient.

1988 feierte Dublin sein tausendjähriges Bestehen, doch eigentlich ist die Stadt wesentlich älter: Sie wurde 841 von den Wikingern gegründet, die aus ihrer kleinen Siedlung am Meer innerhalb von 100 Jahren ein wohlhabendes Handelszentrum machten, wo Seide aus Byzanz gegen Sklaven aus Irland getauscht wurde. Im Jahr 988 gelang es den Truppen des irischen Königs Maelsechnaill II., Dublin nach dreiwöchiger Belagerung zu unterwerfen. Fortan musste die Stadt jedes Jahr zu Weihnachten eine Abgabe von einer Unze Gold pro Gebäude zahlen. Die Dubliner feierten also 1988 die Tatsache, dass sie seit 1000 Jahren Steuern zahlen müssen.

Nachdem die Engländer gekommen waren und ihre Herrschaft gefestigt hatten, entwickelte sich Dublin zur zweitbedeutendsten Stadt des britischen Empire. Die englische Aristokratie liebte Dublin. Der Aufschwung ab Mitte des 18. Jahrhunderts wurde durch die von Georg Friedrich Händel selbst dirigierte Aufführung des »Messias« in der Music Hall in der Fishamble Street eingeleitet. Die Orgeltastatur, auf der Händel gespielt hatte, steht heute in der Eingangshalle der St. Michan's Church in der Church Street. 600 Jahre lang war dies die einzige Kirche auf der Nordseite des Flusses Liffey. Der Herzog von Wellington, der später Napoleon besiegte, ist hier getauft worden, wehrte sich jedoch dagegen, als Ire bezeichnet zu werden: »Wenn man in einem Stall geboren wird, muss man noch lange kein Pferd sein.« Den Küster, der durch St. Michan's führt, zieht es in die Gruft unter der Kirche, in die man durch Eisentüren an der Längsseite gelangt. Dort liegen Leichname, die nicht verwesen – zum Beispiel ein 800 Jahre toter Kreuzritter, der noch Haut und Haare hat.

Früher forderte der Küster die Besucher auf, der sonderbaren Leiche die Hand zu schütteln – es bringe Glück. Inzwischen ist dies im Interesse des armen Kreuzritters verboten. Der Grund für die gespenstische Mumifizierung: Die Kalksteinfundamente absorbieren die Luftfeuchtigkeit. Bram Stoker, ein weiterer Dubliner Schriftsteller, ließ sich von der St. Michan's Church zu seinem Vampirroman »Dracula« inspirieren.

Die Music Hall, 1741 nach Plänen des hessischen Hugenotten Richard Cassels erbaut, gibt es heute nicht mehr. Im Laufe der folgenden Jahrzehnte, die den Aufschwung des georgianischen Irland bezeichnen, entstanden jedoch andere be-

1 *Die Four Courts an der Liffey, erbaut 1796 bis 1802 im Revolutionsstil, beherbergen den Obersten Gerichtshof, das Oberste Zivil- und Strafgericht und den Criminal Court der Republik Irland.* – 2 *Ha'penny Bridge, die wohl berühmteste Fußgängerbrücke der Stadt, verbindet Temple Bar mit der Liffey Street.*

1

2

1

2

deutende Bauten: die Four Courts, die Royal Exchange, Charlemont House, Belvedere House, Leinster House und Powerscourt House. Die 1782 gegründete »Wide Streets Commission« legte breite Straßenfluchten und öffentliche Plätze an. Im selben Jahr setzte der Politiker Henry Grattan durch, dass dem irischen Parlament weitgehende Unabhängigkeit eingeräumt wurde. Das Gebäude, in dem die Volksvertreter tagten, war 1729 als erstes bewusst geplantes Parlamentshaus in Europa von Sir Edward Lovett Perace entworfen worden.

Mitte des 18. Jahrhunderts lebten bereits 130 000 Menschen in Dublin (nicht einmal 70 Jahre zuvor war es erst ein Fünftel davon gewesen), und um 1800 lag die Einwohnerzahl bereits bei 200 000. Ein Jahr später verlor Dublin seinen hauptstädtischen Glanz. Mit dem »Act of Union« wurde die Auflösung des irischen Parlaments und die Einheit von England und Irland festgelegt. Die Bank of Ireland erwarb das Parlamentsgebäude, das House of Lords blieb jedoch bis heute fast unverändert erhalten und dient als Konzertsaal. Erst 120 Jahre später erstritten sich die Iren nach dem Ende des Unabhängigkeitskriegs wieder ein eigenes Parlament.

Die Stadt der Museen

Die Frühgeschichte Dublins wird einem im Nationalmuseum in der Kildare Street nahegebracht, wo sich auch die Nationalbibliothek befindet. Prachtstücke der Ausstellung über das »Gold der Kelten« sind der Kelch von Ardagh und die Tara-Brosche aus dem 8. Jahrhundert. Einen Schnellkurs in jüngerer irischer Geschichte bietet dagegen eine Führung durch das alte Gefängnis von Kilmainham. Seit seiner Eröffnung vor mehr als 200 Jahren bis zur Schließung 1924 war es mit irischen Rebellen gefüllt. Nach dem Unabhängigkeitskrieg wurde das Gefängnis von der Regierung des neuen irischen Freistaats übernommen, die dort während des Bürgerkriegs ihre ehemaligen Kampfgenossen unterbrachte, welche die Teilung des Landes nicht akzeptieren wollten. 77 von ihnen wurden hingerichtet.

Der letzte Gefangene in Kilmainham war Éamon de Valera, später Regierungschef und Präsident der Republik Irland. Nach seiner Entlassung wurde der Bau sich selbst überlassen. Erst 1960 machte sich eine Gruppe von Freiwilligen an die Restaurierung. Zur Eröffnung 1796 war das Gefängnis wegen der verbesserten Haftbedingungen gepriesen worden – unvorstellbar, wenn man sich die kahlen, zugigen Zellen heute ansieht. Die Stellen im Hof, wo die Gefangenen exekutiert wurden, sind mit Kreuzen markiert. Die »Invincibles«, die den britischen Lord Cavendish und Unterstaatssekretär Burke im Phoenix Park, dem größten Stadtpark Europas, getötet hatten, waren 1883 die Ersten, die im Gefängnis hingerichtet wurden. Bis dahin fanden Exekutionen vor dem Gefängnistor in aller Öffentlichkeit statt.

1 *Das Leinster House: Hier tagt das irische Parlament.* – 2 *Shoppingpause im Restaurant des Powerscourt House Centre.* – 3 *Im Café des James Joyce Centre, Great George's Street.* – 4 *Eichenholzregale in Irlands erster öffentlicher Bibliothek, der Marsh's Library von 1701.* – 5 *Heute zu besichtigen: das Gefängnis von Kilmainham.*

Der Henker der »Invincibles« pflegte nach getaner Arbeit im Brazen Head Hotel ein Bierchen zu trinken. Nach seinem Ableben blieb sein Glas weiter im Umlauf – denn jeder wollte mal aus des »Hangman's Glass« trinken. Ein Hotel ist das Etablissement schon lange nicht mehr, doch das Gebäude beherbergt Dublins älteste Kneipe – auch eine Art Museum: Schon zu Zeiten der Wikinger soll hier dem Alkohol zugesprochen worden sein, die Schankkonzession des heutigen Pubs

mit seinen schiefen Wänden, knarrenden Dielen und der Patina von Torfqualm datiert aus dem Jahr 1688. Robert Emmet, der Anführer der erfolglosen Revolte von 1803, wohnte lange Zeit über der Kneipe in der Bridge Street. Gleich um die Ecke, in der Bow Street auf der anderen Seite der Liffey, können Besucher ein Examen besonderer Art ablegen und das »Irish Whiskey Taster«-Zertifikat erwerben. Dazu müssen sie einen ordinären Bourbon von einem dreifach destillierten irischen Whiskey unterscheiden. Prüfungsort ist die Irish Whiskey Corner, die frühere Lagerhalle für die Whiskeyfässer. Die Nationalgalerie an der 1762 gestalteten Platzanlage Merrion Square – die georgianischen Stadthäuser mit ihren dunkelroten Ziegelsteinfassaden, Lünetten und farbig angestrichenen Türen haben sich alle erhalten – beherbergt eine reiche Sammlung von Kunstschätzen mit Werken irischer, englischer und internationaler Meister, die sie zum großen Teil einer Stiftung George Bernard Shaws verdankt.

An den Ufern der Liffey

Die Liffey teilt die Stadt in zwei ungleiche Hälften: den ärmeren Norden und den vornehmeren Süden. Zwar steht das Finanzzentrum am Hafen auf der Nordseite, doch der wirtschaftliche Aufschwung Irlands und seiner Hauptstadt wird vor allem in der Südhälfte deutlich. Rund um die Grafton Street findet man exklusive Kaufhäuser, teure Boutiquen, bessere Restaurants und elegante Hotels, allen voran das traditionsreiche »Shelbourne« am St. Stephen's Green, in dem schon der Schriftsteller William Makepeace Thackeray abgestiegen ist und in dem Adolf Hitlers Halbbruder Alois Anfang des 20. Jahrhunderts kellnerte, oder das moderne »Conrad«, Nobelherberge mit Business Centre.
Das Parlament, Leinster House, und der Sitz des Oberbürgermeisters, Mansion House, stehen ebenso auf der Südseite wie die protestantischen Kathedralen. In der St. Patrick's Cathedral, zwischen 1220 und 1254 erbaut, ruht Jonathan Swift, der hier Dekan war. Seine »Stella«, Esther Johnson, liegt neben ihm. Die Christchurch Cathedral befindet sich an derselben Stelle, an der Wikingerkönig Sitric im Jahr 1038 eine Holzkirche errichten ließ. Die Wikinger hatten sich im 9. Jahrhundert auf dem Gelände zwischen der heutigen Christchurch und Wood Quay an der Liffey niedergelassen. Funde aus den Überresten ihrer Siedlung, die bei Ausgrabungen Ende der 1960er-Jahre zutage kamen, sind im Nationalmuseum ausgestellt. Der Fundort selbst wurde trotz heftiger Bürgerproteste, richterlicher Entscheidungen und Appellen von Wissenschaftlern aus aller Welt mit zwei Bürokomplexen des Architekten Sam Stephenson bebaut. Dort residiert die Stadtverwaltung.
Das flussabwärts gelegene Gelände, auf dem das Trinity College Dublin steht, musste dagegen der Liffey erst durch Aufschüttungen entrissen werden. Die Universität wurde 1592 unter der Schirmherrschaft Elisabeths I. gegründet. Nach ihrer Vorstellung sollte Trinity College

1 *Die dem irischen Schutzpatron gewidmete St. Patrick's Cathedral, Irlands größte Kirche, hat seit dem 20. Jahrhundert eine schöne Gartenanlage.* – 2 *Im gotisch und mittelalterlich geprägten Kirchenschiff hängen die heraldischen Flaggen des Erlauchtesten Ordens von St. Patrick.*

1

verhindern, dass ihre Landsleute, die in der Fremde studierten, mit »Papismus und anderen schlimmen Dingen infiziert und so zu verkommenen Untertanen« würden. Die Universität blieb über 300 Jahre protestantischen Studenten vorbehalten. Die Katholiken, denen der Besuch erst ab 1970 erlaubt war, hatten am St. Stephen's Green eine eigene Universität, die später nach Belfield im Süden umzog. Im Trinity College, an dem Oscar Wilde, Samuel Beckett, Bram Stoker und Oliver Goldsmith studierten, ist in der alten Bibliothek das *Book of Kells* ausgestellt: eine illustrierte Evangelien-Handschrift, die im 9. Jahrhundert Mönche in Kells angefertigt hatten. Das Buch wurde aus der Sakristei gestohlen, der Dieb hatte es aber lediglich auf die goldene Schatulle abgesehen, in der es aufbewahrt wurde. So fand man die wertvolle Handschrift nach zwei Monaten in der Erde vergraben.

Dublins Rive Gauche

Das lebendigste Viertel der irischen Hauptstadt – Dublins »Rive Gauche« – ist die benachbarte Temple Bar zwischen Dame Street und der Liffey. Am Ende der gusseisernen Halfpenny Bridge, die zwar keine Mautbrücke mehr, dafür aber zu einem Wahrzeichen Dublins geworden ist, führt eine schmale Gasse durch den Merchant's Arch mitten hinein in Dublins Vergnügungsmeile. Früher war dieses Hugenottenviertel für seine Druckereien und seine Uhrmacher bekannt. Dann kaufte die staatliche Transportgesellschaft CIE das ganze Areal auf, um einen großen Busbahnhof zu bauen. In der Zwischenzeit vermietete CIE die Grundstücke kurzfristig und billig an Leute mit Ideen, aber ohne viel Geld. Im Handumdrehen wurde die Temple Bar zu einem Zentrum der Alternativkultur. Es entstanden Restaurants, Cafés, Kneipen, Boutiquen, Theater und Plattenstudios.

Dann merkten auch die Stadtväter, dass sich hier eine Attraktion für Touristen und Einheimische gleichermaßen entwickelt hatte. Die Pläne für den Busbahnhof wurden aufgegeben, stattdessen sanierte man das Viertel. Zahlreiche neue Gebäude schossen empor, wie das Kinderkulturzentrum The Ark oder das Irish Film Centre mit zwei Kinos, dem irischen Filmarchiv, einem Restaurant und einem Pub, die alten Lagerhäuser wurden modernisiert und überteuert neu vermietet. Das Boheme-Flair ist aber geblieben.

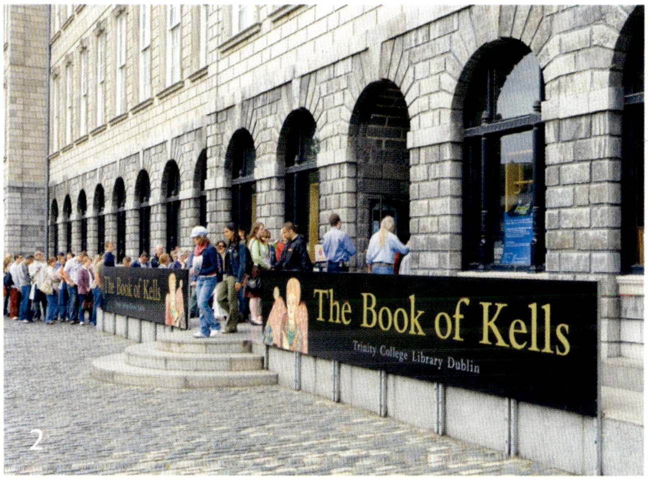

Nördlich der Liffey, rund um die Henry Street, liegen Einkaufszeilen mit Marktfrauen und fliegenden Händlerinnen, bei denen sich Käufer mit schmaler Brieftasche für den Alltagsbedarf eindecken – etwa mit preiswertem Gemüse auf dem Markt in der Moore Street. Es ist selbst unter den Hauptstädtern ein weit verbreitetes Vorurteil, dass im Nordteil Dublins die Häuser heruntergekommen sind, das Verbrechen blüht und die Leute arm sind. Bei einer Umfrage des Stadtmagazins »In Dublin« antworteten immerhin 21 Prozent der Befragten aus Süd-Dublin, dass sie ihr Bier abends nicht auf der anderen Seite der Liffey trinken würden, weil sie Angst vor Überfällen haben.

Dabei gibt es mit den Küstenvororten Howth, Malahide und Clontarf auch auf der Nordseite vornehme Viertel. Eines der schönsten Gebäude der Stadt, das Custom House, steht ebenfalls am Nordufer der Liffey. Das Zollamt, zwischen 1781 und 1791 errichtet, gilt als Meisterwerk des Architekten James Gandon. Die Hauptfassade zeigt den Atlantik und die dreizehn wichtigsten Flüsse Irlands. Freilich waren von dem Zollhaus nicht alle begeistert, als es fertiggestellt war. In einem zeitgenössischen Zeitungsbericht hieß es: »Wir sind an diesem Tag unseres Herrn

1 *Vor Hochwasser sicher: die rund 200 000 Bücher im Hauptsaal der Alten Bibliothek des Trinity College mit Galerie und imposantem Tonnengewölbe. Die Büsten stellen Gelehrte dar, von Homer bis Platon.* – 2 *Das berühmte* Book of Kells *kann man im Erdgeschoss des Bibliotheksgebäudes besichtigen.*

Zeugen des Baus eines höchst unschönen Gebäudes am Custom House Quay, das von gar manchem Schalk als Bastardschöpfung eines Irren bezeichnet wird, der nur diejenigen Tribut zollen, die Freudenhäuser frequentieren.«
Auch die O'Connell Street, Dublins Hauptverkehrsader, führt vom Fluss nach Norden. An ihrer Westseite liegt das General Post Office. Die Hauptpost war Hauptquartier der Osterrebellen 1916. Eigentlich sollte Anfang des 19. Jahrhunderts an dieser Stelle die Pro-Cathedral, die katholische Hauptkirche Dublins, erbaut werden, doch die protestantische Oberschicht sorgte dafür, dass das Gotteshaus in die kleine, parallel verlaufende Marlborough Street verbannt wurde.
Dort ist sie in guter Gesellschaft: Ein paar Schritte weiter, an der Ecke Abbey Street, liegt das Abbey Theatre, Irlands Nationaltheater. Seit sich 1904 der Vorhang zum ersten Mal hob, gab es zahlreiche Eklats. John Millington Synges Stück »Der Held der westlichen Welt« sorgte 1907 für regelrechte Tumulte, so dass die Aufführung nur unter Polizeischutz fortgesetzt werden konnte. Auch die Premiere von Sean O'Caseys »Der Pflug und die Sterne« 1926 löste unter den Theaterbesuchern einen Aufstand aus. Nach einer weiteren Aufführung 1951 erklang zum Abschluss »Keep the Home Fires Burning«, und als alle nach Hause gegangen waren, brannte das Theater ab. 15 Jahre lang mussten die Abbey-Schauspieler im inzwischen abgerissenen Queen's Theatre in der Pearse Street gastieren. Erst 1966 öffnete das von Michael Scott entworfene neue Abbey Theatre seine Pforten.

1

Die Stadt der Vergnügungssüchtigen

Die Iren sind nicht nur fleißige Theatergänger, sondern liegen auch bei den Kinobesuchen in Europa an der Spitze. Jeder Ire geht im Durchschnitt 3,6-mal im Jahr ins Kino – mehr als doppelt so häufig wie die Deutschen. An den Wochenenden bilden sich vor den Abendvorstellungen in der O'Connell Street meist lange Schlangen. Es war übrigens James Joyce, der 1909 das erste Kino Dublins eröffnete. Das »Volta« in der Mary Street gehörte italienischen Geschäftsleuten. Deshalb wurden meist Filme aus Italien gezeigt.
Aber nicht nur die Kinos, sondern auch die Pubs sind trotz der Rezession an den Wochenenden noch immer gut gefüllt. 750 Wirtshäuser gibt es in Dublin, nur noch wenige karg eingerichtet mit Sägespänen auf dem Boden, andere aufwendig mit Plüschsesseln und dicken Teppichen ausgestattet. Fast ausgestorben sind dagegen die »Snugs« oder »Einzelsäuferkojen«, wie Heinrich Böll sie nannte: Séparées mit einem eigenen Fenster zur Bar, die Frauen und Priestern vorbehalten waren, damit sie nicht in der Öffentlichkeit trinken mussten. Das scherte die Frauen früher offenbar wenig, wie ein gewisser Fynos Morrison um 1600 in Dublin beobachtete: »Ich habe selbst gesehen und von anderen oft gehört, dass Damen so frei in diesen Ausschweifungen waren, dass sie auf den Knien lagen und einen Trunk nach dem anderen mit den Männern stürzten, gar nicht zu sprechen von den Frauen der irischen Lords, die trinken, bis sie betrunken sind oder wenigstens, bis sie in Anwesenheit der Männer ihre Blase erleichtern.«
Auch im »Kavanagh's« am Friedhof von Glasnevin, auf dem Irlands Prominenz aus Politik und Kultur begraben ist, sind die Snugs nicht mehr in Betrieb, sondern werden als Abstellraum benutzt. Ansonsten

1 *Dublins modernes Wahrzeichen zum Millennium wurde erst 2003 fertig: die über 120 m hohe Stahlnadel »The Spire« an der Kreuzung O'Connell Street/Henry Street. Dort sprengte die IRA 1966 die Nelson-Säule.* – 2 *Dublins ehemaliges Zollamt, das Custom House, wurde im 18. Jahrhundert errichtet.* – 3 *Stets lebhaft: die Grafton Street.*

2

3

1

aber hat sich seit der Eröffnung 1833 kaum etwas verändert, was eine Ausnahme ist, denn viele Besitzer haben ihre Pubs grundlegend umgestaltet; eine Zeit lang waren »theme pubs« im amerikanischen oder auch russischen Stil besonders gefragt. Bei »Kavanagh's« dagegen sind Wände und Theke noch vom Rauch der Jahrzehnte vergilbt, auch wenn das Rauchen in den Wirtshäusern längst verboten ist. Selbst am Tag fällt kein Licht in den Schankraum. Immerhin, das Loch in der Rückwand zum Friedhof ist zugemauert. Früher steckten die Totengräber dort ihre Schaufeln hindurch, und der Wirt stellte ihnen ein volles Glas darauf. Das hat dem Pub den Spitznamen »Gravediggers« eingetragen. Die Kneipe bildete die Kulisse für viele Filme wie »Quackser Fortune Has A Cousin In The Bronx« und »The Woman Who Married Clark Gable«.
Wenn die Pubs schließen, suchen die unternehmungslustigeren Trinker einen der zahlreichen Dubliner Nachtklubs auf, sei es zum Tanzen, zum Kontaktknüpfen oder auch nur zum Weitertrinken. Das beliebteste Getränk ist nach wie vor Guinness, der wohl bei Weitem bekannteste irische Exportartikel. Dabei hat der Bier-Multi seinen Hauptsitz in England und ist längst nicht mehr in irischem Familienbesitz. Viele Schriftsteller haben dem Getränk in ihren Werken ein Denkmal gesetzt. Von der Krimi-Autorin Dorothy L. Sayers stammt der berühmte Werbespruch: »Guinness is good for you.« Doch nicht alle Dichterworte eignen sich zu Werbezwecken. So sinnierte Leopold Bloom in James Joyces Ulysses: »Fässer voller Porter, wunderbar. Da sind auch Ratten drin. Saufen sich voll, bis sie wie Wasserleichen aussehen. Und so was trinkt man nun. Das muss man sich mal vorstellen. Rotz, Kotz. Na ja, wenn wir alles wüssten.«
Die Brauerei wurde 1759 von Arthur Guinness gegründet, der das Grundstück in einem Anflug von Optimismus gleich auf 9000 Jahre zum Preis von jährlich 45 Pfund gemietet hatte. Guinness braute zunächst helles Bier und englisches Ale, erst später stieg er auf das stärkere Stout um, das ihn in aller Welt bekannt machte. Das »schwarze Gold« gibt es inzwischen in mehr als 120 Ländern; 22 Brauereien stellen es im Ausland her.

Das Dubliner Stammhaus produziert täglich 1,4 Millionen Liter, 40 Prozent davon für den Export.
Die Pubs sind in Irland allerdings durch die Wirtschaftskrise bedroht, jeden Tag muss ein Wirtshaus schließen. Krisenfest ist hingegen der Beruf des Buchmachers. Seine Domäne sind die drei Pferderennbahnen bei Dublin und die beiden Windhundstadien im Südteil der Stadt. Ein Hunderennen ist ein unvergessliches Erlebnis. Am Rand der Rennbahn stehen die Buchmacher auf kleinen Schemeln und verzeichnen die Quoten auf Schiefertafeln. Je nach Stand der Wetten ändern sich diese laufend. Dabei unterhalten sich die Buchmacher mit einer Zeichensprache, die für Außenstehende rätselhaft bleibt. Bis Sekunden vor Rennbeginn werden Wetten angenommen. Wenn der Startschuss fällt, jagen die Hunde einem Hasen aus Kunststoff hinterher, der elektrisch angetrieben wird und auf einer Schiene uneinholbar vor ihnen seine Runden zieht. Angeblich wird er vor dem Rennen mit Hasenodeur eingerieben. Hinter der Ziellinie verschwindet er in einer Bodenklappe, und die Hunde wundern sich jedesmal aufs Neue, was aus dem Objekt ihrer Begierde geworden ist. Ein Rennen dauert nicht viel länger als eine halbe Minute. In dieser halben Minute werden jedoch Vermögen gewonnen und verspielt. Lediglich die Buchmacher machen immer ihren Schnitt.

1 *»The Church« ist eine Dubliner Trendlocation in einer ehemaligen Kirche in der Jervis Street/Mary Street. Auf vier Etagen verteilen sich Bars, Restaurant und ein Nachtclub. Es wird oft Live-Musik gespielt und ein weiterer Clou ist der Glasaufzug an der Außenseite.* – 2 *Führung durch das Guinness Storehouse.*

48
THE TEMPLE BAR
LE BAR
Importers OF FINE SMOKING TOBACCO
Always in Stock
Traditional Irish Music
TEMPLE BAR
Estb. 1840
THE EMPEROR OF MALTED LIQUORS
GUINNESS

1

TEMPLE BAR
Estb. 1840
THE EMPEROR OF
MALTED LIQUORS
NNESS

2

3

1und 2 *In den Music Pubs und Nachtclubs von Temple Bar pulsiert das Dubliner Nachtleben. Pubs wie »The Temple Bar« bieten täglich Trad Sessions mit traditionellen Fiddlers, Guiness und Whiskey fließen in Strömen-* – 3 *Nostalgische Plakate und Werbetafeln erinnern daran, dass die meisten Pubs hier schon Mitte des 19. Jahrhunderts eröffneten.* – 4 *Im »The Oliver St. John Gogarty Pub« starten auch sogenannte Pubcrawls, geführte Pubtouren.*

4

5

Viele Brücken über die Liffey verbinden den Norden und den Süden Dublins. Fußgängermaut, wie früher, ist auf der Ha'penny Bridge aus dem Jahr 1816 (im Vordergrund) heute nicht mehr zu entrichten. Erst zur Jahrtausendwende entstand die Millennium Bridge (dahinter).

Seite 58/59

1 *Dublin Castle an der Dame Street war bis 1922 Sitz der britischen Verwaltung in Irland. Der Turm blieb von der Festung aus normannischer Zeit übrig.* – 2 *Im Dublin Castle besticht die Chapel Royal, ein neogotischer Bau (18. Jh.) von Francis Johnston, mit feinen Eichenholzschnitzereien.* – 3 *Filigrane schmiedeeiserne Dachträger in der Great Hall der Archäologischen Abteilung im Irischen Nationalmuseum.* – 4 *Original erhaltener Saal (18. Jh.) im Dublin Writers Museum am Parnell Square.*

1

2

3

4

IC

Leinster

Von den historischen Provinzen Irlands umfasst Leinster nicht nur die meisten Grafschaften, sondern weist auch die höchste Bevölkerungsdichte auf: Allein im Großraum Dublin lebt mehr als ein Drittel aller Iren. Das hat geografische und historische Gründe. Nur nach Osten hin öffnet sich der Gebirgsring, und die Zentralebene erstreckt sich bis zum Meer. Damit wurde vor allem der Küstenstrich zwischen Dublin und Dundalk zum klassischen Einfallstor für alle Invasoren. Gegenden wie das fruchtbare Tal des Boyne nördlich von Dublin, aber auch die flache Küste der Grafschaft Wexford dienten einfallenden Stämmen und fremden Armeen als Brückenkopf.

Das Fischerdorf Howth im County Fingal, ein beliebtes Ausflugsziel zum Fischessen und Wandern, ist von Dublin aus mit der S-Bahn zu erreichen.

Wo Häuptlinge zu Priesterkönigen wurden

Hill of Tara – Slane Hill – Banagher – Kildare – Glendalough – Kilkenny – Wexford

Es waren stets Könige von Leinster (»Laighneach«), die sich der Idee einer irischen Zentralmacht widersetzten und fremde Eindringlinge um Unterstützung angingen – zuerst Mael Mórda, der 1014 gegen Brian Boru, für kurze Zeit nomineller »imperator Scottorum«, aufbegehrte und sich mit den Dubliner »Ostmännern« oder Wikingern verbündete, sodann der exilierte Dermot MacMurrough, der im Jahre 1169 Heinrich II. von England und die ebenso abenteuerlustigen wie landhungrigen Anglo-Normannen um Hilfe ersuchte. Sein Schwiegersohn und testamentarischer Nachfolger war jener Earl Richard FitzGilbert, nach seinem Geschick im Bogenschießen »Strongbow« genannt, mit dem die Landnahme Irlands durch die Anglo-Normannen begann. Bereits 1171 konnte Heinrich II. mit Zustimmung der katholischen Kirche und irischer Stammesfürsten die englische Oberherrschaft über Irland ausrufen. Da sich die Eroberer festsetzten und, bis auf die schottisch-protestantischen Kolonisten Ulsters, mehr oder weniger erfolgreich eingliederten, war jeder Krieg in der 800-jährigen Geschichte der irisch-britischen Beziehungen immer auch ein Bruder- und Bürgerkrieg. Der englische Machtbereich in Leinster, ein der Größe nach wechselndes Gebiet um Dublin, war durch Palisaden begrenzt und wurde deshalb »Pale« genannt – was sich auch als »Pfahl« im Fleische Irlands lesen lässt. Dass die im Wappen der Provinz Leinster abgebildete keltische Harfe zugleich das nationale Emblem im Staatswappen der Republik ist, sei nur am Rande erwähnt.

Haben die Herzöge von Leinster mit Leinster House in Dublins Kildare Street, heute Sitz des Parlaments, einen repräsentativen georgianischen Prachtbau hinterlassen, so verrät der strategisch gelegene Hill of Tara zehn Kilometer südlich von Navan, über Tausende von Jahren hinweg ein religiöser und kultureller Hauptort Irlands, keinerlei Spuren von Macht- oder Prachtentfaltung mehr. Hier, wo irische Stammeshäuptlinge sich zu Priesterkönigen krönen und mit der keltischen Göttin der Souveränität vermählen ließen, wo alle drei Jahre die »feis« (Versammlung, Fest, Geschlechtsverkehr) abgehalten wurde, ist nichts mehr zu sehen als ein paar kümmerliche Erdwälle und Gräben, ob sie nun Cormac's Haus, Fort der Könige, Fort der Synoden oder Gráinnes Fort heißen.

Ein Besuch ist dennoch anzuraten: Tara kommt von »teamhair« (irisch für Aussichtspunkt), und die Aussicht auf die grasgrüne Ebene von Meath und Louth ist wahrhaft majestätisch; nicht minder wichtig ist das Gefühl für Vergänglichkeit und Fortdauer aller Historie, das sich un-weigerlich einstellt. Der mythische Volksstamm der Danaer, Tuatha Dé

1 *Besonders beeindrucken die von Gräben umgebenen Erdwälle des legendären Hill of Tara aus der Vogelperspektive.* – 2 *Der Stein von Fal (Lia Fáil) soll der Krönungsstein der irischen Hochkönige gewesen sein. Nebenan erinnert eine Gedenktafel an die Gefallenen einer Schlacht von 1798.*

1

2

Danann, die bereits weniger mythischen spanischen Milesier, historische Könige mit klangvollen Namen wie »Conn von den 100 Schlachten« oder »Niall von den neun Geiseln«, der große Cormac Mac Airt und schließlich, bis zum Jahre 1022, Maelsechnaill II. – sie alle hatten ihren Sitz auf dieser heute unscheinbar wirkenden Anhöhe. Doch residierten sie in Holzbauten, und so kommt es, dass einzig das steinerne Standbild, das zu Ehren des hl. Patrick errichtet wurde, überlebt hat.

Kuppelgräber und Klöster

In der ursprünglich als »fünfte Provinz« Irlands bezeichneten geschichtsträchtigen Kulturlandschaft Meaths nördlich von Dublin findet sich eine Fülle weiterer kunsthistorischer Schätze und Sehenswürdigkeiten. Hier steht noch immer die 5000 Jahre alte neolithische Nekropolis Brugh na Bóinne mit den drei kolossalen Ganggräbern Newgrange, Knowth und Dowth; hier, auf dem 161 Meter hohen Slane Hill, soll im Jahre 433 der hl. Patrick entgegen dem ausdrücklichen Befehl des heidnischen Königs Laoghaire das erste Osterfeuer (»Lumen Christi«) entfacht haben, um den Sieg des neuen Glaubens über den druidischen Kult des keltischen Irland zu verkünden. Schwindelfreie Kletterer genießen von der Turmruine der Kirche aus einen unermesslich weiten Rundblick auf die gewellte Hügellandschaft von Meath. Hier fochten die Anhänger des Katholiken Jakob II. und seines protestantischen Widersachers Wilhelm III. von Oranien 1690 unter großen Verlusten die Schlacht am Boyne aus, mit der die protestantische Vorherrschaft in Irland auf zwei Jahrhunderte besiegelt wurde.

Brugh na Bóinne, die imposanteste prähistorische Kultstätte Irlands, umfasst ein Areal von 4000 Quadratmetern. An diesem geweihten Ort bestatteten die Siedler der Jungsteinzeit unter ungeheurem Aufwand ihre Fürsten. Die drei Kuppelgräber sind rund 1000 Jahre älter als die Pyramiden. Das größte von ihnen, Newgrange, hat eine Höhe von 13 und einen Durchmesser von bis zu 85 Metern. Grabkammer und -gang selbst nehmen nur einen winzigen Bruchteil des mit 200 000 Tonnen Steinen gigantischen Tumulus ein. Durch eine Luke über dem Eingang fällt zur Wintersonnenwende am 21. Dezember für eine Viertelstunde das Sonnenlicht ein und beleuchtet die mit Steinmetzarbeiten geschmückte innere Grabkammer. Dies ist nicht etwa Zufall, sondern gewolltes Resultat präziser mathematischer Berechnungen: Die Erbauer waren Sonnenanbeter. Als später die keltischen Einwanderer eintrafen, schrieben sie die bauliche Leistung, die ihr Fassungsvermögen überstieg, ihrem Gott Dagda zu.

Faszinierend ist immer wieder die enge Verwandtschaft von megalithischen Grabanlagen und christlichen Einsiedeleien und Klosterstätten, gibt es doch trotz eines zeitlichen Abstands von Tausenden von Jahren ein Kontinuum an künstlerisch-

1 *Schwindelfreie können die Aussicht von der Turmruine der Kirche auf dem Slane Hill genießen.* – 2 *Newgrange, das größte von drei Kuppelgräbern der prähistorischen Kultstätte Brugh na Bóinne im County Meath.* – 3 und 4 *Besucher im Hügelgrab Newgrange, das älter ist als die Pyramiden von Gizeh. Der Steinkreis um den 20 m langen Gang ins Innere soll erst in der Bronzezeit entstanden sein. Viele Steine zieren Gravuren.*

architektonischem Design. Bei Bethäusern und Bienenkorbhütten findet sich dieselbe Kragsteintechnik, bei Hochkreuzen dieselbe Dekoration wie bei den heidnischen Baudenkmälern der Vorgeschichte. Die nahegelegene Klostersiedlung Monasterboice (Co. Louth) etwa, die auf eine Gründung durch den hl. Buite im 6. Jahrhundert zurückgeht, besteht aus zwei Kirchenbauten, einem fünfstöckigen Rundturm, zwei frühchristlichen Grabsteinen und drei keltischen Hochkreuzen, darunter das reich verzierte und hervorragend erhaltene Muiredach-Kreuz, ein Monolith aus dem 10. Jahrhundert, der »zur Belehrung der Gläubigen« fassbare biblische Szenen abbildet, aber eben auch abstrakte Ornamente wie Kreise, Spiralen, Rauten und andere geometrische Muster zeigt. Noch das dreiblättrige Kleeblatt, mit dem der hl. Patrick die Dreifaltigkeit erklärte, ist nichts anderes als die Wiederaufnahme der dreifachen Spirale von Newgrange.

Von anderen Ausmaßen als Monasterboice ist die fünf Kilometer westlich gelegene Ruine Mellifont Abbey, das erste irische Zisterzienserkloster, 1142 gegründet, 1539 unterdrückt und 1649 zerstört. Das Mutterhaus von 35 weiteren Zisterzienserklöstern zeugt vom Einfluss romanischer Architekturformen und kontinentaler Mönchsorden. Letztere verdrängten die einheimischen Klostersiedlungen, die Schulen frühmittelalterlicher Gelehrsamkeit, welche ihrerseits das Einsiedlertum abgelöst hatten. Interessant ist das ursprünglich oktogonale Lavabo, das Wasch- oder Brunnenhaus der Mönche, das Einzige seiner Art in Irland.
Eines der eindrucksvollsten Klöster Irlands ist Clonmacnoise (Co. Offaly), 548 vom hl. Ciaran gestiftet. Die von Mauern eingefasste Siedlung mit vielen Grabplatten und den Ruinen von acht Kirchen, zwei Rundtürmen, einer Kathedrale und einer Burg liegt am Ufer des Shannon. Sie ist die bedeutendste Sehenswürdigkeit der nach dem irischen Stamm Ua Bhfailghe benannten, aber erst im 16. Jahrhundert unter dem Namen »King's County« entstandenen Grafschaft Offaly. An den Ruinen der monastischen Anlage, die in ihrer mehr als eintausendjährigen Geschichte 54-mal niedergebrannt und geplündert wurde, wälzt sich das Wasser des breiten Stroms vorüber. In Athlone, Carrick-on-Shannon oder Ballina gemietete Kabinenkreuzer können bequem hier anlegen.

Irlands Mitte

Die Marktstadt Banagher ist jedem Freizeitkapitän bekannt: Angler können fischen, Ornithologen das Vogelschutzgebiet erkunden. Die breite Hauptstraße mit ihren gleichförmigen Häuserfassaden aus dem 18. Jahrhundert fällt zum Ostufer des Shannon ab. Sie verbindet Birr, Standort eines Schlosses mit Parkanlage und frühem Teleskop, und das im Jahre 563 vom hl. Brendan begründete Clonfert (Co. Galway), dessen winzige Kathedrale über ein mit grotesken Tier- und Menschenköpfen reich verziertes hibernoromanisches Portal verfügt.
Kildare, das betriebsame Zentrum der irischen Pferdezucht im Westen von The Curragh und Hauptstadt der gleichnamigen Grafschaft, verdankt seine Entstehung einer Klostergründung um das Jahr 470. Am Standort eines prähistorischen Heiligtums stiftete die Druidentochter Brigid, als »Verkünderin Christi«, »Königin des Südens« und »Maria der Gälen« Irlands weibliches Pendant zu St. Patrick, ein Doppelkloster für Männer und Frauen, das sich zu einer bedeutenden Stätte christlicher Frömmigkeit, Gelehrsamkeit und Buchmalerei entwickeln sollte.
Die St. Brigid's Cathedral stammt aus dem 13., der 32 Meter hohe Rundturm aus dem

1 *In Sandstein eingemeißelte biblische Szenen auf dem Westkreuz in der Klosterruine Monasterboice.* – 2 *Mellifont Abbey war das erste Kloster der Zisterzienser in Irland. Heute sind nur noch Überreste seiner romanischen Architektur zu sehen.* – 3 *Mit der Pferdekutsche durch den Park von Schloss Birr.*

2

3

1

10. Jahrhundert. Von dem benachbarten Feuerhaus, in dem bis zur Auflösung des Klosters nach heidnischem Ritus 19 Nonnen abwechselnd über eine ewige Flamme wachten, haben sich einige wenige Bruchstücke erhalten. Im Volksglauben verschmolz die historische Äbtissin Brigid mit der keltischen Licht- und Feuergöttin Brigid zu einer christlichen Heiligengestalt, der die unglaublichsten Wundertaten nachgesagt wurden. Noch heute heften viele Bauern an ihren Kuhstall ein aus Bast geflochtenes St. Brigid's Cross – ein Fruchtbarkeitssymbol.
Von derartigen Klostergemeinschaften brachen die irischen Mönche zu Hunderten auf, um als »weiße Märtyrer« den Heiden des Abendlandes das Christentum und den Christen vollendete Bildung zu bringen. Zunächst als Missionare, dann als Erzieher bereisten sie ganz Europa und begründeten so die irische Diaspora: St. Columban (Luxeuil und Bobbio), St. Fridolin (Säckingen), St. Fursa (Péronne), St. Gallus (St. Gallen), St. Kilian (Wurzburg) oder St. Virgil (Salzburg).
Heute ist Kildare weniger für seine Heiligen und Gelehrten als für seine Vollbluthengste und -stuten bekannt. Anhänger des Pferderennsports strömen zur Rennbahn The Curragh, wo unter anderem das Irish National Derby abgehalten wird. In Tully befindet sich das irische Nationalgestüt. Zu dem Komplex gehört das irische Pferdemuseum, in dem die Geschichte des Tieres von der Bronzezeit bis heute dargestellt ist.

Glendalough, Kilkenny und Wexford

Die letzte bedeutende Klosteranlage in Leinster befindet sich in Glendalough (Gleann dá Loch, »Tal der zwei Seen«) und geht auf den Klausner St. Kevin zurück, der im Jahre 618 hier beigesetzt wurde. Von den Wikingern mehrfach geplündert, wurde die Siedlung schließlich von einem Feuer vernichtet, blieb aber bis ins 19. Jahrhundert eine der wichtigsten europäischen Pilgerstätten. Heute ist sie eine der meistbesuchten Attraktionen an der Ostküste.
Verlässt man Dublin gen Süden, gelangt man bei Enniskerry zunächst zum Powerscourt Estate and Gardens. Das Herrenhaus südlich von Enniskerry, 1731 nach Plänen Richard Cassels' erbaut, hatte 101 Zimmer. Der Haupttrakt brannte 1974 ab, ist inzwischen jedoch restauriert und wieder zu besichtigen. Der herrliche Park birgt einen Teich mit mächtiger Fontäne, einen japanischen Garten (1908) und einen Haustierfriedhof. Eine schmale Straße führt zu Irlands höchstem Wasserfall. Vom Park aus erblickt man das Naturpanorama der majestätischen Quarzitkegel des Great und Little Sugar Loaf.

Bei Ashford lockt ein Spaziergang durch die zur Zeit der Akazien- und Rhododendronblüte besonders prächtigen Mount Usher Gardens, einer weitläufigen Parkanlage im Privatbesitz.
Je tiefer man in die Berge vordringt, desto wilder und einsamer wird die Landschaft. Eine Fahrt zum Sally Gap auf der ehemaligen Militärstraße, die die Briten 1798 angelegt hatten, um die menschenleere Gegend besser nach Aufständischen durchkämmen zu können, durch die Moor- und Heidelandschaft der Wicklow Mountains lohnt sich bei jedem Wetter – die Abgeschiedenheit ist überwältigend. Besonders schön ist der Blick von der Passstraße auf den See Lough Tay.
Bei Drumgoff fährt man in das 15 Kilometer lange Tal von Glenmalure am Fuß

1 *Frühmittelalterliches Flair in der St Brigid's Cathedral (13. Jh.) in Kildare. Wer sich bei einem Besuch die Buntglasfenster genau ansieht, wird dort die drei Schutzpatrone Irlands entdecken: Patrick, Brigid und Colmcille.* – 2 *Überrest eines Klosters: die St. Kevin's Church in Glendalough im County Wicklow.*

des dritthöchsten Berges der Insel, des 927 Meter hohen Lugnaquilla. Das kaum besiedelte, tief eingeschnittene »Tal des Liebhabers von Geplänkeln« bot über Jahrhunderte hinweg zahllosen irischen Aufständischen Unterschlupf.

Im Herzen Wicklows stößt man bald auf »The Meeting Of The Waters«, die weithin ausgeschilderte Vereinigung der Flüsschen Avonmore und Avonbeg nördlich von Avoca. An diesem malerischen, heute jedoch recht zubetonierten Flecken, unter den Türmen und Zinnen von Castle Howard, erhebt sich, zum Schutz gegen Souvenirjäger eingezäunt, noch immer der ausgebleichte Stumpf jenes Baumes, unter dem der irische Dichter Thomas Moore im Jahre 1807 eines seiner meistrezitierten Gedichte verfasst hat: »There is not in this wide world a valley so sweet.«

Nicht weit davon entfernt steht auf weitläufigem Parkgelände das 1779 von James Wyatt erbaute georgianische Avondale House, Geburtshaus des protestantischen Gutsherrn Charles Stewart Parnell, mit Museum, Arboretum und Naturpfaden. Parnell, nach Daniel O'Connell, dem Befreier der Katholiken, zweifellos der bedeutendste konstitutionelle Politiker des 19. Jahrhunderts, trat an der Spitze der Irish Parliamentary Party und der Irish Land League im Rahmen eines Vereinigten Königreichs für die irische Selbstverwaltung (»Home Rule«) und für Agrarreformen zugunsten der Rechte der Pachtbauern ein.

Schritt für Schritt wurde so Ende des 19. Jahrhunderts die gewaltsame Landnahme durch Oliver Cromwell rückgängig gemacht, an die Stelle englischer und anglo-irischer Großgrundbesitzer traten die irischen Kleinbauern. Trotz mancher Rückschläge wäre es dem »ungekrönten König Irlands« im Bündnis mit dem britischen Liberalen William Gladstone beinahe gelungen, der Insel auch ein begrenztes Maß an Unabhängigkeit zu bescheren – hätte ihn nicht eine Affäre mit Katharine O'Shea, der Frau eines Parteikollegen, vom Thron gestoßen.

Das mittelalterliche Kilkenny, das mit den gegen eine Assimilation der Anglo-Normannen gerichteten Statuten von Kilkenny (1366) und mit der aufrührerischen Konföderation von Kilkenny gleich zwei wichtige Beiträge zur irischen Geschichte leistete, hat sich seinen Charme bewahrt. Treppchen, Torbögen und verwinkelte Gassen wie hier finden sich in kaum einer anderen irischen Stadt. Das liebevoll restaurierte Rothe Museum in der High Street, ein spätmittelalterlicher Kaufmannsbau mit Erkerchen und Innenhofgalerie, war Residenz des Bischofs von Ossory und 1642 bis 1648 Sitz der Konföderation. In derselben Straße stößt man auf das 1761 errichtete Tholsel, einen Arkadenbau eines Autodidakten, der früher als Markt- und Stadthalle diente. Kilkennys ältestes Gebäude, Kyteler's Inn aus dem 14. Jahrhundert, steht in der St. Kieran Street. Es gehörte der reichen

1 *Schaufenster eines Antiquitätenhändlers in Kilkenny.* – 2 *Das alte Irland lässt grüßen: Oldtimer in der Parliament Street.* – 3 *An der Bar des »O'Riadas Pub« in der Parliament Street, Kilkenny.* – 4 *Das georgianische Geburtshaus des Politikers Charles Stewart Parnell ist heute ein Museum.*

4

1

2

Geldverleiherin Dame Alice Kyteler, die 1324 der Häresie, der Hexerei und des Giftmords an vier Ehemännern angeklagt wurde. Während ihr die Flucht nach England gelang, wurde ihre Magd Petronilla auf dem Scheiterhaufen verbrannt.

Eine der schönsten und besterhaltenen Kathedralen Irlands ist die um 1280 vollendete St. Canice's Cathedral mit begehbarem Rundturm, herrlicher Galerie und mehreren bedeutenden Grabmälern aus dem schwarzen Marmor der Umgegend, der Kilkenny den Namen »Marble City« einbrachte. Kilkenny Castle, ursprünglich eine Normannenburg aus dem Jahre 1192, stammt im Wesentlichen aus dem 19. Jahrhundert und war bis 1967 im Besitz der Butlers. Bei Thomastown (Co. Kilkenny) befinden sich die Ruinen der hiberno-romanischen Zisterzienserabtei Jerpoint Abbey aus dem 12. Jahrhundert mit wunderbarem Bauschmuck.

Bis zur Ankunft der Eisenbahn im 19. Jahrhundert war die fruchtbare Grafschaft Wexford vom Inland relativ abgeschnitten; nur drei Passstraßen – Scullogue Gap, Bunclody Gap und Arklow Gap – ermöglichten einen raschen Zugang über Land. Demgegenüber war die See der wichtigere Verkehrsweg und Wexford an der Mündung des Slaney ein gut geschützter Überseehafen von einiger Bedeutung. Der Name der ersten wikingischen Handelsniederlassung aus dem 9. Jahrhundert lautete Veigsfjörthr oder Waesfjord (»Hafen am Watt«) und wurde von den Iren zu Wexford korrumpiert. Das Stadtrecht wurde ihr im Jahre 1317 von dem Normannen Aymer De Valence verliehen. Vielleicht strahlt die sonnigste Stadt Irlands wegen ihrer Orientierung nach außen ein anderes Flair aus als weiter landeinwärts gelegene Orte. Welcher anderen irischen Stadt dieser Größenordnung (knapp 10 000 Einwohner) wäre es gelungen, über mehr als 40 Jahre hinweg Opernfestspiele (Wexford Festival Opera) auszurichten, bei denen unter Mitwirkung international anerkannter Künstler jährlich drei selten gespielte Bühnenwerke zur Aufführung gelangen?

Zum Gedächtnis an die Aufständischen des Frühsommers 1798, welche die Stadt, amerikanischem und französischem Vorbild nacheifernd, einen Monat lang gegen eine englische Übermacht halten konnten, wurde 1905 auf dem Bull Ring eine Bronzestatue von Oliver Sheppard errichtet, die einen pikenbewehrten Bauern zeigt. Bei der kurzlebigen Erhebung wurde das republikanisch-demokratische Ideal der United Irishmen um Theobald Wolfe Tone, William Drennan und Thomas Russell, die eine »Union des ganzen irischen Volkes« mit »Männern ohne Eigentum« als Kern schmieden wollten, allerdings durch konfessionell motivierte Massaker an unschuldigen Protestanten kompromittiert. Der Wexforder Aufstand unter Leitung des Priesters Father Murphy endete mit einer bitteren Niederlage auf dem Vinegar Hill bei Enniscorthy.

In der Nähe von Wexford lassen sich sowohl Natur als auch Geschichte studieren. Das Naturschutzgebiet Wexford Wildfowl Reserve (mit Besucherzentrum) ist berühmt für die vielen Wildvögel, die dort überwintern, darunter grönländische Blässgänse, Meergänse und Pfeifenten. Der Irish National Heritage Park dagegen bietet dem im Freien umherspazierenden Besucher mit Hilfe originalgetreuer Rekonstruktionen eine Übersicht über die verschiedenen Siedlungsformen der Vergangenheit – vom Fellzelt und Pfahlbau über die Wikingersiedlung und das Mönchskloster bis zur Normannenburg.

1 *Kilkenny Castle liegt in einem weitläufigen Park. Es war 600 Jahre lang Sitz der mächtigen irischen Familie Butler.* – 2 *Ruine mit verwunschenem Charme: Die Zisterzienserabtei Jerpoint Abbey bei Thomastown gehörte bis ins 17. Jahrhundert den Butlers.* – 3 *Nachbildung einer prähistorischen Behausung im Irish National Heritage Park.*

1

2

1, 3, 4 *Bootsurlaube auf dem Shannon sind ideal für Familien. Ausgangspunkt ist meist Carrick-on-Shannon.* – 2 *Zu Beginn des Kanals nach Jamestown müssen die Boote durch die Schleuse Albert Lock.*

3

4

WEXFORD
CENTRE

Abendlicher Blick über den River Slaney zu den Quays von Wexford, der Hauptstadt der gleichnamigen Grafschaft.

Seite 78/79

1 bis 3 *Eine gotische Burg wie aus dem Bilderbuch: Gäste des Kinnitty Castle Hotel im County Offaly erwarten vornehme Säle und ein riesiger Park.* – 4 *Musizierende Männer in einem heimeligen Pub in Tullamore – irischer geht es kaum!*

1

2

3

NO SMOKING
AND THIS MEANS YOU
NEW Budweiser ICE COLD
THE COLDEST PINT EVER
GUINNESS
4

Munster

Traumhafte Küsten, Irlands höchste Berge – die Macgillycuddy's Reeks –, reizvolle Städte wie Cork, Killarney oder Dingle, eine fast schon mediterrane Vegetation, Zeugnisse vergangener Zeiten wie der Rock of Cashel, Staigue Fort und zahllose Standing Stones, bizarre Inseln im Atlantik, die Cliffs of Moher und die karge Urlandschaft des Burren, einsame Wanderwege und abgelegene Seen – vielen Irland-Liebhabern gilt der Süden und Südwesten der Insel als landschaftliche Schatzkammer und Urlaubsparadies.

Lose übereinandergeschichtete Steinmauern prägen das ländliche Irland.

Feen, Elfen, Leprechauns

Waterford – Cashel – Cork – Beara Peninsula – Killarney – Ring of Kerry – Dingle Peninsula – Blasket Islands – Burren

Obwohl an der Mündung des Flusses Suir in die Keltische See gelegen, hat der Name der 45 000 Einwohner zählenden Hafenstadt Waterford mit Wasser nichts zu tun. Vielmehr leitet er sich von dem altnordischen Vethrafjörthr (»Furt des Vaters« Odin) her. Wie die Städte Dublin, Wicklow, Wexford und Limerick ist Waterford eine Gründung der aus dem heutigen Dänemark und Norwegen stammenden Wikinger, die nicht nur Piraten und Marodeure waren, Klöster ausplünderten und irische Sklaven bis hin nach Island verschleppten, sondern als Handelsleute und Städtebauer einen zivilisatorischen Einfluss auf Irland ausübten. Bis zum ersten Eintreffen der Wikinger im Jahre 795 bildeten die Iren lose, zum großen Teil nomadische Stammesgesellschaften, die in der Hauptsache von der Viehzucht oder, wie das zentrale irische Heldenepos »Táin Bó Cuailnge« (»Der Rinderraub von Cooley«) bezeugt, vom Viehdiebstahl lebten. Von den Wikingern stammen denn auch die Stadtmauer und Reginald's Tower aus dem Jahre 1003, in wechselvoller Geschichte Königssitz, Münzstätte, Zeug- und Zuchthaus. Bald danach entwickelte sich Waterford zur Hochburg der Anglo-Normannen, die unter Richard Strongbow dem irischen König Dermot MacMurrough gegen seine irischen Rivalen zu Hilfe geeilt waren. 1497 verlieh Heinrich VII. der ihm treu ergebenen, sich englisch fühlenden Stadt den Titel »Urbs Intacta Manet Waterfordia«, der bis auf den heutigen Tag ihr Wappen ziert. Heute ist das Industrie- und Handelszentrum vor allem für sein mundgeblasenes, handgeschliffenes Kristallglas bekannt, auch wenn die Fabrik 2009 wegen des Bankrotts der Mutterfirma Wedgwood Group schließen musste. Im Juni 2010 eröffnete die 1783 von den Gebrüdern Penrose gegründete Glasmanufaktur auf The Mall erneut, und Besucher können den Bläsern und Schleifern beim Anfertigen wertvoller Pokale, Karaffen, Vasen und Gläser zuschauen, alle aus demselben bleischweren, funkelnden Material.

Ganz in der Nähe von Waterford liegt der nach seinem lang gestreckten Strand benannte Badeort Tramore mit seinem Vergnügungspark, früher Ferientraum eines jeden irischen Kindes. Ardmore, eine kleine, für ihre verfallene Klosterstätte berühmte Siedlung, geht auf den hl. Declan zurück. Über ein Bethaus und eine Kathedrale wacht ein etwa 30 Meter hoher Rundturm, einer von rund 120 schlanken Turmbauten mit konischem Dachaufsatz aus dem 9. bis 12. Jahrhundert, die der irischen Architektur eigen sind. Gedacht als Glocken-, Wacht- und Schutzturm, diente der Bau – halb Minarett, halb Fabrikschornstein – den in der Zeit der Wikingerüberfälle stets bedrohten irischen Mönchen als Zufluchtsstätte. Dieser gehört mit zu den am besten erhaltenen und kann bestiegen werden.

Mit Cashel in der Grafschaft Tipperary erreicht man eine Sehenswürdigkeit ersten Ranges: Auf einem 30 Meter aus der Tiefebene aufragenden und so von weit her sichtbaren Kalksteinkegel gruppieren sich ein Chorsaal, eine Kathedrale, eine Kapelle, ein Rundturm und ein Hochkreuz zu einem großartigen Ensemble sakraler hiberno-romanischer Baukunst des Hochmittelalters. Der markante Fels war

1 *Waterford am River Suir mit dem Reginald's Tower und der Christ Church Cathedral.* – 2 *Von der romanischen Klosterkirche Ardmore stehen nur noch einzelne Wände.*

1

2

1

zunächst Sitz der Eoghanacht, der Könige von Munster. Im Jahre 1101 gelangte er in den Besitz der Kirche und wurde als Sitz des Erzbischofs »Gott, St. Patrick und St. Ailbhe« geweiht. Heißt es doch, dass schon der hl. Patrick hier weilte und bei der Taufe des heidnischen Königs Aenghus mit seinem Hirtenstab versehentlich dessen Fuß durchbohrte. Der hochrangige Täufling verzog keine Miene, da er den Unfall für einen festen Bestandteil des christlichen Ritus hielt.

Das 2,3 Meter hohe Hochkreuz, dessen Original sich im Innern des Chorsaals befindet, hat eine von den üblichen keltischen Hochkreuzen Irlands abweichende Form: Es weist keinen Kreis auf. Die rund 100 erhaltenen irischen Kreuze mit Kreis – durch den steinernen Balken des Kreuzes zieht sich ein Ring – verbinden das Relikt eines prähistorischen Sonnenkults mit christlicher Opfer- und Auferstehungssymbolik. Die spezifisch irischen Kunstdenkmäler aus dem 10. bis 13. Jahrhundert zeigen sowohl komplizierte geometrische Muster wie auch figürliche Darstellungen biblischer Szenen oder zeitgenössischer Bischöfe. In diesem Fall sehen wir eine Kreuzigungsszene und eine Abbildung des hl. Patrick.

Aber woher stammt dieser nachts angeleuchtete Fels? Der Sage nach wurde er vom Leibhaftigen aus einem Berg (Devil's Bit Mountain) herausgebissen und an dieser Stelle wieder ausgespuckt. Natürlich spielt der Teufel im irischen Volksglauben eine ähnliche Rolle wie in Deutschland, doch ist es der christlichen Dämonologie nicht gelungen, die Erinnerung an all die anderen Geisterwesen auszutreiben, welche die »Anderwelt« bevölkern und auf entthronte keltische Gottheiten wie Crom Dubh, untergegangene Volksstämme wie die Tuatha Dé Danann oder aus dem Paradies vertriebene Engel zurückgehen: Feen, Elfen, Gnome, Wichte und Kobolde, meist kollektiv als die »kleinen Leute« oder die »guten Leute« bezeichnet.

Die bekanntesten unter diesen in Luft, Wasser, Erde und Feuer zu findenden launischen Geschöpfen dürften der Leprechaun und die Banshee sein. Leprechauns (leith bhrogan, »Schuhmacher«) sind greise Männlein in grünen Jäckchen und roten Hosen, die heimlich Poteen (Kartoffelschnaps) brennen und zwei unerschöpfliche Lederbeutel mit Gold und Silber bei sich führen. Am Ende eines Regenbogens findet sich stets ein Topf mit Gold, bewacht von einem Leprechaun. Menschen, die ihm den Schatz abjagen wollen, spielt er gerne dreiste Streiche.

Banshee (bean sidhe, »Feenweib«) heißt die irische Todesfee, welche die Angehörigen bestimmter alteingesessener irischer Familien mit ihren nächtlichen Klagelauten vor der Stunde des Todes warnt. Eingehüllt in ein Leichentuch oder einen Kapuzenmantel, tritt sie auf als junge Frau, als stattliche Matrone oder alte Vettel. Irische Meerweiber, Merrows genannt (von muir, »See«, und oigh, »Jungfrau«),

1 *Cormac's Chapel im irisch-romanischen Stil, 1127 auf dem Rock of Cashel vom ersten Erzbischof von Cashel erbaut.* – 2 *Üppig mit Ornamenten verziert: das Hochkreuz von Cashel.* – 3 *Der Rock of Cashel effektvoll angestrahlt.* – 4 *Auch Cashels Pubs sind historische Orte.*

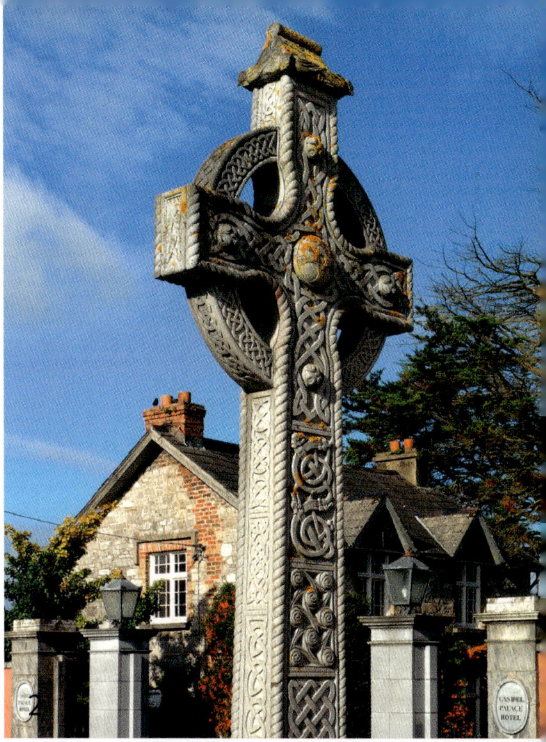
2

3

4

haben zwar den Leib einer Frau, doch weisen ihre Hände zwischen den Fingern dünne Schwimmhäute auf. Sie bewohnen den unterseeischen Kontinent Tír fo Thóinn (»Land unter den Wellen«), kommen bisweilen aber auch an Land, wo sie sich mit männlichen Küstenbewohnern vermählen. In Cork und Kerry tragen sie gefiederte rote Mützen.

Cork, Stadt am Fluss Lee

»The spreading Lee, that like an Island fayre/Encloseth Corke with his divided flood«, heißt es bei Edmund Spenser über die zweitgrößte Stadt der Republik, die selbsternannte Rivalin Dublins. In der Tat liegt das Zentrum von Cork auf einer Insel, der Rest ist auf die umliegenden Hügel verteilt. Bevor man jedoch die »Rebellenstadt« erreicht, gelangt man zu dem Fischereihafen Youghal, berühmt für seine Spitze (pointe d'Irlande). Das Anwesen Myrtle Grove war Landsitz des elisabethanischen Abenteurers Sir Walter Raleigh, der in Irland den Tabak und die Kartoffel eingeführt haben soll.

Vor den Toren Corks, im hübschen Überseehafen Cobh, befindet sich der 1720 gegründete älteste Jachtclub der Welt. Von Cobh aus stachen die Seelenverkäufer in See, die die hungerleidenden irischen Auswanderer in die Neue Welt oder in den Tod beförderten; hier stiegen Emigranten aus Europa vorzeitig aus, weil sie Cork mit New York verwechselten; hier legte, bevor sie ihrem Untergang entgegendampfte, zum letzten Mal die Titanic an; hier liegen die Passagiere der von einem deutschen U-Boot versenkten Lusitania begraben.

Wahrzeichen von Cork ist der 1722 errichtete Kirchturm von St. Anne's Church (Shandon Church). Seine Fassade besteht auf zwei Seiten aus rotem Sandstein, auf den gegenüberliegenden aus grauem Kalkstein, daher der Corker Spruch »Partly coloured like the people/Red and white is Shandon Steeple«. Darüber erhebt sich wie ein dreistöckiger Pfefferstreuer der eigentliche Glockenturm mit einem weithin sichtbaren goldenen Lachs als Wetterfahne. Besucher können die acht Glocken läuten und genießen einen herrlichen Ausblick über die Stadt und ihre verwinkelten Gassen. Die Crawford Municipal Art Gallery hält viele Schätze bereit.

Fota Island, heute im Besitz des University College Cork, beherbergt den Regency-Bau Fota House mit der größten irischen Sammlung von Landschaftsgemälden, ein Aboretum und einen Wildpark. Kein wortkarger, schwerzüngiger Mensch wird einen Abstecher zum Blarney Castle neun Kilometer nördlich von Cork versäumen, geht doch die Sage, dass, wer die Festungsmauer besteigt und, auf dem Rücken liegend und den Kopf nach unten gereckt, den Blarney Stone küsst, die Gabe der Beredsamkeit erlangt.

Der pittoreske Fischerort Kinsale ist für zweierlei berühmt: für seine vorzügliche Gastronomie und für ein einschneidendes historisches Ereignis, die Niederlage der Iren und der mit ihnen verbündeten Spanier in der Schlacht von 1601, die das Ende der gälischen Stammesstrukturen und der einheimischen Aristokratie signalisierte.

Dank ihrer malerischen Küstenlandschaft und eines milden Klimas, welches das üppige Wachstum mediterraner Vegetation begünstigt, ist die Region West Cork beliebter Altersruhesitz deutscher Geschäftsleute, niederländischer Künstler und britischer Obristen und hat, was ihre Lebensqualität anbetrifft, ausgeprägt englischen, ja kontinentalen Charakter. Orte wie Baltimore, Ballydehob, Schull und Bantry – hier der imposante Herrensitz

1 *Blarney Castle: Wer, auf dem Rücken liegend, den Blarney Stone küsst, wird künftig nie mehr auf den Mund gefallen sein.* – 2 und 3 *Das beschauliche Kinsale mit netten Shops und Restaurants liegt an einer geschützten Bucht an der Küste der Keltischen See.*

2

PEDESTRIAN PRIORITY ZONE
15 mins SETDOWN
EBS
87-C-13763
CITROEN

3

O'NEILL'S
GUINNESS
BAR & RESTAURANT
MURPHYS
IRISH STOUT
The Bull Rock
LIGHTHOUSE
1

Bantry House aus der Mitte des 18. Jahrhunderts – strahlen einen behaglichen Wohlstand aus, und die umliegende Landschaft, besonders Mizen Head Peninsula und Sheep's Head Peninsula, ist lieblicher als viele andere Gegenden Irlands. Höhepunkt für alle Liebhaber der Flora ist Ilnacullin (Garinish Island), eine kurze Bootsfahrt von dem Ferienort Glengariff entfernt. In den ersten Jahren des 20. Jahrhunderts entstand hier ein exquisiter Garten. 1923 schrieb George Bernard Shaw im Schatten der Magnolien und Kamelien seine »Heilige Johanna«.

Beara Peninsula

Der Ring of Beara ist eine 150 Kilometer lange Panoramastraße, die von Glengariff über Castletownbere (Castletown Bearhaven) und Allihies nach Kenmare rund um die gebirgige, landschaftlich besonders schöne Halbinsel Beara führt und einen Ausblick auf das Meer und vorgelagerte Inseln wie Bere Island und Dursey Island gewährt. Wer nicht die gesamte Strecke zurücklegen möchte, auf schmaler Stichtrasse an schroffen, steilen Felshängen entlang, kann stattdessen den während der Großen Hungersnot begonnenen und erst 1931 fertiggestellten, 325 Meter hohen Tim Healy Pass wählen, eine der dramatischsten und kurvenreichsten Passstraßen Irlands, die von Adrigole über die Caha Mountains nach Lauragh mit seinen prächtigen Derreen Woodland Gardens führt.

Die höchste Erhebung der mit zahlreichen kleinen Bergseen übersäten Kulisse ist Hungry Hill (687 Meter), dem Daphne du Maurier mit ihrem gleichnamigen Roman ein literarisches Denkmal gesetzt hat. Das Werk befasst sich mit den Bergleuten in den alten Kupferminen der Umgebung. Das in der Nähe des zweitgrößten irischen Fischereihafens Castletownbere gelegene Dunboy Castle wurde 1602 nach einjähriger Belagerung von den Engländern geschleift. Aber so lapidar lässt sich die Episode nicht wiedergeben: Richard Mac Geoghean, der Anführer der spanisch-irischen Besatzung, wollte es lieber eigenhändig in die Luft sprengen als vor den Belagerern kapitulieren, wurde jedoch von den eindringenden Truppen daran gehindert. Anschließend begab sich der stark dezimierte Clan der O'Sullivan Beres auf einen 320 Kilometer langen Marsch in den Norden Irlands, der trotz der Niederlage von Kinsale noch ausharrte. Heute zeugt nur noch eine Ruine von der Festung aus dem 15. Jahrhundert. An der Spitze der auch mit Altertümern wie Steinkreisen und Keilgräbern reich bestückten Halbinsel kann man im Sommer mit einer Kabinenbahn nach Dursey Island übersetzen.

Die Seen von Killarney

Für viele Reisende ist Irland identisch mit dem »Kingdom of Kerry«, wie die südwestlichste Grafschaft der Insel von ihren Bewohnern liebevoll genannt wird. Majes-

1 *So bunt wie beliebt: »O'Neills Restaurant« und »The Bull Rock Pub« in Allihies auf der Beara Peninsula.* – 2 *Berglandschaft an der Panoramastraße Ring of Beara.* – 3 *Zu besichtigen: das Bantry House mit Blick über die Bucht.* – 4 *Salon im Haus des Earls of Bantry.*

1

2

3

tätische Bergketten mit Irlands höchster Erhebung, dem 1041 Meter hohen Carrantuohill, die abwechslungsreichen Halbinseln Iveragh und Dingle, die wie Finger in den Atlantik ragen, die lieblichen Seen von Killarney, die der Küste vorgelagerten Inseln wie Great Blasket Island oder der 218 Meter hohe Felsen Skellig Michael fügen sich zu einer wunderschönen, wildromantischen Szenerie.

Die Iren selbst behandeln die »Kerrymen«, deren ländlicher Akzent unüberhörbar ist, ähnlich wie die Deutschen die Ostfriesen; unzählige Witze kursieren über die »Hinterwäldler« und ihre Hütehunde, und zwischen Kerry und der angrenzenden Grafschaft Cork besteht, besonders im Gaelic Football, eine flapsige Rivalität. Kaum ein Irlandreisender lässt sich davon abhalten, dem malerisch gelegenen Killarney und seinem 25 000 Morgen umfassenden Nationalpark einen Besuch abzustatten. Erste Anlaufstelle ist meist Muckross House, ein imposanter efeuumrankter Herrensitz aus dem 19. Jahrhundert in einer großzügigen Parkanlage, in dessen Heimatmuseum man sich über die Große Hungersnot 1845 bis 1850 und das Landleben vergangener Zeiten unterrichten kann.

Im »jaunting car«, dem offenen Pferdewägelchen, bewegt man sich an Azaleen, Magnolien und Palmen vorbei zur Muckross Abbey, einer Franziskanerabtei, die, wie so viele Kirchen und Klöster Irlands, 1652 von den englischen Parlamentstruppen Oliver Cromwells eingeäschert wurde. Ausgebrannte Ruinen, ob Paläste oder Hütten, Wohntürme oder Burgen wie das nahe gelegene Ross Castle, begegnen einem in Irland allerorten: Die von Gewalt und Gegengewalt, von Eroberungen und Rebellionen geprägte Geschichte Irlands hat eine ungeheure Anzahl zerstörter Bauten hinterlassen, die wie Denk- und Mahnmale in der Landschaft stehen. Die Engländer brannten die Wohnsitze der gälischen Aristokratie und, während der erzwungenen Reformation, religiöse Stätten nieder und vertrieben säumige Pachtbauern aus ihren armseligen Cottages, die Iren rächten sich an ihren Unterdrückern, indem sie während des Unabhängigkeitskrieges 1919 bis 1921 zahlreiche anglo-irische Herrenhäuser in Schutt und Asche legten, unbekümmert um deren kulturellen und historischen Wert. Im Altarraum von Muckross Abbey liegen vier gälische Dichter aus Munster begraben, die in ihren Versen den Untergang ihrer Kultur beklagten.

Unweit Muckross führt ein steil ansteigender Fußweg durch schattigen Wald zu dem 20 Meter hohen Torc Waterfall. Ein wunderschöner Tagesausflug ist die Durchquerung der Felsenschlucht Gap of Dunloe – sei es zu Fuß, hoch zu Ross oder mit dem zweirädrigen Pferdekarren –

1 *»The Laurel's Pub« in Killarney, Familienbetrieb mit feiner Küche.* – 2 *Straßenständchen mit Akkordeon und Banjo.* – 3 *Wettbewerb der Restaurantschilder in der Hauptstraße von Killarney.* – 4 *Ausflug dem zweirädrigen Pferdewagen an den Lower Lake.* – 5 *Muckross House im Killarney-Nationalpark.*

4

5

1

sowie die anschließende Rückfahrt im Ruderboot über den Upper, Middle und Lower Lake.

Der Ring of Kerry

Der Ring of Kerry ist ein Schmuckstück ganz eigener Art. So nämlich heißt die 136 Kilometer lange kurvenreiche Ringstraße, die an der zerklüfteten Küste der Halbinsel Iveragh entlangführt und immer neue Ausblicke auf das Panorama der Landschaft und den Atlantischen Ozean eröffnet. Ebenso faszinierend wie die Küstenrundstraße ist die Binnenstrecke, die einen von der Westseite der Halbinsel nach Killorglin oder über die atemberaubenden Pässe Ballaghbeama Gap und Moll's Gap nach Kenmare bringt. Zwischen diesen beiden Städtchen liegen die Macgillycuddy's Reeks, die zu Höhenwanderungen und Bergbesteigungen einladen.

Von Portmagee aus fährt man auf Valentia Island, in dessen Hauptort Knightstown zahllose Emigranten sich nach Amerika einschifften. Hier wurde 1866 auch das erste Transatlantikkabel nach Amerika verlegt, das genau 100 Jahre in Betrieb war. Sporttaucher werden in den kristallklaren Gewässern zwar nicht auf das Kabel stoßen, wohl aber auf Fischschwärme und Schiffswracks. Wanderer dagegen können sich die verstreuten Behausungen irischer Klausner erschließen oder die subtropische Vegetation bewundern.

Der spanisch anmutende Name der Insel ist in Wahrheit eine Verballhornung des irischen Béal Inse. Als offiziell zweisprachiges Land sind in Irland für nahezu alle Ortschaften und Gegenden zwei Benennungen in Gebraucht, eine ursprüngliche irische und eine oktroyierte englische, die entweder eine Übersetzung, eine Transliteration oder auch eine Verballhornung darstellt.

Vor der Küste von Kerry, zwölf Kilometer westlich von Bolus Head, erheben sich aus den tiefblauen Wogen des Atlantik zwei schroffe Felseninseln, die den Namen »The Skelligs« tragen (von irisch sceilig, »Felsen«). Bei günstigem Wetter sind sie mit Booten von Portmagee, Ballinskelligs oder Waterville aus zu erreichen. Die mit 218 Metern höhere der beiden, Skellig Michael, ist wie Mont St. Michel in der Bretagne und Michael's Mount in Cornwall nach dem Erzengel, Drachentöter und Seelengeleiter Michael benannt, dem zahlreiche Bergkirchen und -klöster in aller Welt geweiht sind.

Auf diesen halsbrecherischen Klippen gründete der hl. Fíonán im 5. Jahrhundert eine anachoretische Klostersiedlung, die, trotz eines Wikingerüberfalls im Jahre 823, vermutlich bis zum 12. Jahrhundert bestand. Über eine 670 Stufen zählende Steiltreppe gelangt man zu mehreren künstlichen Terrassen, auf der die Überreste der Anlage zu besichtigen sind: trockengemauerte Bienenkorbhütten (*clochâns*), Bethäuser, Steinkreuze, St. Michael's Church und ein Friedhof mit 22 Grabsteinen. Hier, am legendären Sitz Daire Domhains, des Königs der Welt, übte sich ein rundes Dutzend irischer Einsiedler vor

atemberaubender Kulisse in Askese und Meditation.

War Great Skellig einstmals der westlichste Vorposten der Christenheit in Europa, so dient der Nachbarfels Little Skellig heute noch als Brutstätte für Zehntausende von Basstölpeln und Papageitauchern – zwei grundverschiedene Kolonien, geeint nur durch den einen Zauber, der »weit aus

1 *Der über 10 000 ha große Killarney-Nationalpark lädt zu wildromantischen Wanderungen ein.* – 2 *Glückliche Mädchen auf glücklichen Pferden – am Ring of Kerry in der Nähe von Kenmare.*

Zeit und Raum, weit aus dieser Welt hinausführt« (George Bernard Shaw). Zurück auf dem Festland, zwei Kilometer westlich von Caherdaniel mit seinem wunderbaren Sandstrand, steht das Museum Derrynane House, einst Landsitz des »Befreiers« Daniel O'Connell (1775 bis

1847), der bedeutendste konstitutionelle Politiker des 19. Jahrhunderts und einer der ersten in Europa, der die Bedeutung demokratischer Massenbewegungen erkannte. Als großartiger Volksredner und erster irisch-katholischer Parlamentarier in Westminster setzte sich O'Connell mit Erfolg für die Emanzipation der irischen Katholiken ein und kämpfte darüber hinaus für die Aufhebung der Unionsakte von 1801, mit der Irland dem Vereinigten Königreich einverleibt worden war. In der Gegnerschaft zwischen O'Connell und dem gewaltbereiten »Young Ireland« spiegelt sich der Konflikt zwischen verfassungsmäßigem Vorgehen einerseits und Anwendung von Gewalt andererseits, der den irischen Nationalismus bis heute kennzeichnet.

Auf der Weiterfahrt nach Sneem, einem hübschen Dörfchen, dessen Einwohner miteinander zu wetteifern scheinen, wer den buntesten Fassadenanstrich vorzuweisen hat, kommt man an dem prähistorischen Staigue Fort vorbei, einer für Irland typischen steinernen Befestigungsanlage aus der Eisenzeit. Der ohne Mörtel aufgeschichtete kreisrunde Mauerring ist vier Meter dick und 5,5 Meter hoch und umschließt ein Areal von 34 Metern Durchmesser.

Die Dingle Peninsula und die Blasket Islands

Über den kleinen Marktflecken Killorglin, der jedes Jahr vom 10. bis zum 12. August drei ausgelassene Tage lang den traditionsreichen Puck Fair begeht, bei dem ein Ziegenbock zum König gekrönt wird, gelangt man zu der an archäologischen Schätzen reichen Halbinsel Dingle. Ein gut erhaltenes Ringfort ist das auf einem Felsplateau in 700 Metern Höhe gelegene Caherconree in den Slieve Mish Mountains. Der Sage nach war dies der Sitz eines irischen Königs, dessen Frau in den nahen Fluss Milch schüttete, um seine Feinde von seiner Anwesenheit zu benachrichtigen. Daraufhin erstürmten sie das Fort und brachten ihn um.

In der Ferne ragt das gewaltige Gebirgsmassiv des Mount Brandon auf und wirft seinen Schatten auf die umliegende Küstenlandschaft. Mit 954 Metern die zweithöchste Erhebung der Insel, verhüllt der stark zerklüftete und im Nordwesten zum Meer hin steil abfallende Berg seinen Gipfel oft in den Wolken, und die tückischen Wetterumschwünge sind schon so manchem Bergsteiger zum traurigen Verhängnis geworden.

Namen wie Brandon Mountain, Brandon Head, Brandon Bay, Brandon Point, Brandon Village, Brandon Monument, Brandon's Well und Brandon's Oratory verweisen auf St. Brendan von Clonfert (um 489 – um 577). Der Heilige, einer der zwölf Apostel Irlands, nach seinen waghalsigen Expeditionen zu den Orkney und Shetland Islands und in die Bretagne auch Brendan der Seefahrer genannt, wurde aller Wahrscheinlichkeit nach in der Nähe des Hafenorts Fenit geboren. In der Nacht seiner Geburt war die gesamte Gegend von gleißendem Licht erfüllt, und als er in einem Brunnen östlich von Ardfert getauft wurde, entsprangen diesem drei Widder, daher der Ortsname Tobarna Molt (»Quelle der Widder«), heute ein

1 *Kenmares Läden verkaufen Gestricktes aus Kaschmir.* – 2 *Bauernhäuser in der Nähe von Dingle, County Kerry.* – 3 *Weiße Schafe auf grüner Wiese vor dem prähistorischen Staigue Fort: ein typisches Bild in der Grafschaft Kerry.*

2

3

1

2

Wallfahrtsort. Dank seines Missionarseifers, seiner zahlreichen Klöstergründungen und seines heiligmäßigen Einsiedlerlebens wurde Brendan rasch zum Schutzheiligen Kerrys. Begraben ist er in der Kathedrale von Clonfert (Co. Galway). Saint's Road, ein alter, von Brendan eigenhändig angelegter Pilgerpfad, der von Currauly aus im Zickzack zum Gipfel des 13 Kilometer langen und acht Kilometer breiten Gebirgszugs hinaufführt, wird am 29. Juni von Tausenden von Wallfahrern begangen.

Wie ein umgestülptes Steinboot wirkt das kompakte Gallarus Oratory drei Kilometer südlich von Kilmalkedar, ein trockengemauertes frühchristliches Bethaus, dessen sorgfältig gefugtes Kragsteindach 1200 Jahre irischen Regens unbeschadet überstanden hat. Auf dem Weg von Camp über den 460 Meter hohen Connor Pass in das Städtchen Dingle kommt man an dem makellosen Bau vorbei. Dingle, ein lebhafter, im Sommer überlaufener Fischerort mit 30 Restaurants, ist der touristische Schwerpunkt der Halbinsel. Von hier aus führt die Küstenstraße nach Ventry, nach Slea Head mit seiner Fahan-Gruppe von 400 Bienenkorbhütten, nach Dunquin und Ballyferriter.

Vor dem Südwestzipfel der Halbinsel liegt die Inselgruppe Blasket Islands. Zur größten von ihnen, Great Blasket, die auf der Wasserfläche liegt wie ein hingestreckter grüner Walfischleib, gelangt man über den fünf Kilometer breiten Sund mit Leihbooten aus dem kleinen Fischerhafen von Dunquin. Früher verkehrten hier die »curracha«, mit geteerten Tierhäuten oder Segeltuch überzogene kiellose Boote. Als Schauplatz von David Leans Filmepos »Ryans Tochter« (1971) hat Dunquin einige Berühmtheit erlangt; die kleine Sandbucht Coumeenole bei Slea Head ist eine wichtige Anlaufstelle für Besucher. Weiter westlich im glitzernden Atlantik locken unerreichbar die versunkenen Kontinente der irischen Mythen: Tir na nÓg, das Land der ewigen Jugend, und Hy Brasil, jene zauberische Insel, die sich noch bis Mitte des 17. Jahrhunderts auf Kartenwerken eingezeichnet fand, angeblich nur 450 Kilometer von Galway entfernt. Der Gedanke an Platons untergegangenes Atlantis liegt nahe.

In der Weltliteratur ist Great Blasket ein einzigartiger Fall. Bei einer dünngesäten Bevölkerung von rund 150 irischsprachigen Fischern und Bauern, die auf der oft nur schwer erreichbaren Insel ein überaus karges Dasein fristeten, sind auf engstem Raum drei außergewöhnliche autobiografische Bücher von ebenso literarischem wie ethnografischem Wert entstanden, die zu den Klassikern der gälischen Literatur zählen und in viele Sprachen übersetzt wurden: »Die Boote fahren nicht mehr aus« von Tomás Ó Crohan, »Inselheimat« von Maurice O'Sullivan und »So irisch wie ich« von Peig Sayers, der »Königin

3

4

5

1 *Die sanfte, hügelige Weite der Halbinsel Dingle lädt zum Wandern ein.* – 2 *Frühchristliches Bethaus mit Kragsteindach bei Kilmakedar.* – 3 bis 5 *Der gemütliche Ort Dingle bietet Pubs, Kunsthandwerkshops und Planwagenausflüge.*

1

2

3

der Geschichtenerzähler«. Sayers gab ihre Feen- und Geistergeschichten zunächst im Kreise ihrer Nachbarn zum Besten, ehe sie auf mehr als 5000 Seiten aufgezeichnet wurden.
Hier auf Great Blasket hatte sich die irische Sprache, die keltische Denk- und Ausdrucksweise und die erzählerische Tradition der Kerry-Gaeltacht beinahe unversehrt bewahrt. Die Inselbewohner, eine verschworene Gemeinschaft, die den Elementen trotzte, lebten so abgeschnitten von der übrigen Welt, dass sie sich nicht erklären konnte, worum es sich handelte, als Mitte des 19. Jahrhunderts von einem Schiffswrack Teekisten angeschwemmt wurden. Die Frauen vermuteten in deren Inhalt einen Farbstoff und färbten sich mit den feuchten Blättern die Unterröcke. In Dunquin wird dem untergegangenen kulturellen Erbe der Insel, die seit dem Jahr 1953 nicht mehr bewohnt ist, mit einem weiteren Besucherzentrum Tribut gezollt.

Bunratty und Burren

In die Grafschaft Clare gelangt man entweder über Limerick oder indem man bei Tarbert mit der Fähre über den Shannon setzt. In der Nähe von Limerick steht das vierschrötige Bunratty Castle. Es ist wie Knappogue Castle südöstlich von Ennis und Dunguaire Castle in Kinvarra eine jener irischen Burgen, in denen mittelalterliche Bankette abgehalten werden.

Eine ganz andere Welt als die menschlicher Behausungen und Belustigungen betritt man in dem Dreieck zwischen Kinvarra, Kilfenora und dem Heilbad und Heiratsmarkt Lisdoonvarna: die bizarre Urlandschaft des Burren, ein baumloses Hochplateau aus zerklüfteten Kalksteinfelsen ohne jeden Lehm oder Torf. Das von Wind und Wetter abgeflachte Tafelland bietet über weite Strecken das Bild einer urtümlichen Pflasterstraße, unter der sich ein gewaltiges Höhlensystem (z. B. die Aillwee Cave und die Doolin Cave) erstreckt. Es birgt die längsten Stalaktiten in ganz Europa und zahllose unterirdische Flüsse und Seen.
In den Ritzen, Spalten und Mulden zwischen den Felsplatten gedeiht eine üppige Flora; die scheinbar unfruchtbare Mondlandschaft ist zugleich ein botanischer Garten der Natur, der mehrere hundert Spezies seltener arktischer, alpiner und mediterraner kalkliebender Pflanzen enthält. Und auch Siedlungen muss es gegeben haben: Der Poulnabrone Dolmen, eines der zahlreichen irischen Grabmäler der Megalithkultur, entstand um 2500 v. Chr.
Was im Burren die horizontale Schichtung, ist in der Klippenlandschaft der etwas weiter südlich gelegenen Cliffs of Moher die vertikale. Von einer schroffen Steilküste von acht Kilometern Länge und bis zu 210 Metern Höhe hat man eine grandiose Aussicht auf die Aran Islands.

1 *Picknick am Poulnabrone Dolmen in der Karstlandschaft The Burren.* – 2 *Doonagore Castle, einen Kilometer oberhalb von Doolin gelegen.* – 3 *Der River Inagh schlängelt sich hinter Ennistymon durch die Landschaft.* – 4 *Blick zum O'Brien's Tower oberhalb der Cliffs of Moher.*

4

An diesem Tag bleibt der Blick über den Hafen von Dingle an den wolkenverhangenen Bergen im Hintergrund hängen. Da sollte man für den Bootsausflug zur nahen Insel Great Blasket auf besseres Wetter warten.

1

2

1 *Von der Passstraße über den Healy Pass bietet sich ein weiter Blick über Glenmore Lake und Kenmore River.* – 2 *Fischer in Castletownbere am Ring of Beara.* – 3 *Ein reißender Wildbach in der Nähe von Allihies auf der naturbelassenen Halbinsel Beara.* – 4 *Pubgäste genießen die Sonne in Baltimore.* – 5 *Alles auch auf Gälisch beschildert: in Castletownbere.*

Connacht

Die Provinz Connacht ist alles andere als fruchtbar. Kahle Berge, riesige Torfmoore und mit Steinen übersätes Grasland sind heute zwar für Touristen Oasen der Ruhe und der Einsamkeit, lockten einst aber weder Wikinger noch Normannen, weder königliche noch Cromwellsche Kolonisten. Das wenige Vieh, das hier gezüchtet wird – die Bauernhöfe Mayos und Leitrims zählen zu den kleinsten im Land –, muss zur Mästung in die fetteren Weidegründe des Ostens geschafft werden. Seit der wirtschaftliche Aufschwung 2008 jäh zu Ende gegangen ist, hat die Landflucht im Westen wieder eingesetzt.

Slieve Leagues, die höchsten Steilklippen Europas: Über den Grat führt ein Panoramaweg. Bei starkem Wind verzichten Vernünftige sicherheitshalber auf das Naturerlebnis.

Nächster Halt: Amerika

Aran Islands – Galway – Connemara – Mayo Island – Achill Island – Donegal

Wenngleich sich die Bewohner der Aran Islands von jeher ähnlich mühsam über Wasser halten mussten wie die Moosbauern von Connemara oder Mayo, ist die magische Anziehungskraft, die die Inselgruppe sowohl auf irische wie auf fremde Besucher ausübt, unübersehbar. Von Rossaveal, Spiddal, Galway und Doolin aus verkehren Fährschiffe zu den drei dünn besiedelten und oft durch eine stürmisch raue See vom Festland abgeschnittenen Inseln Inishmore, Inishmaan und Inisheer, deren bläulicher Kalkstein geologisch die Fortsetzung des karstigen Burren im Co. Clare bildet. Obwohl sie als Bastion urwüchsigen Keltentums gelten, stammen viele ihrer heutigen Bewohner in Wahrheit von Cromwellschen Soldaten und Siedlern ab. Dennoch haben sich Brauchtum und Tracht hier länger als anderswo erhalten, und dass die Inseln zur irischsprachigen Gaeltacht zählen, versteht sich beinahe von selbst. Der in mühseliger Arbeit für die handtuchgroßen Kohl- und Kartoffelfelder aus Sand und Seetang gewonnene Boden – fast ohne jeden Baum und Strauch – ist von einem dichten Geflecht aus Mauern überzogen, die als Eigentumsbegrenzung, Windschutz und Sammelstelle für die unzähligen verstreuten Steinbrocken dienen. Hier finden sich noch viele der traditionellen weißgewaschenen Cottages, hier steigt einem der verführerische Duft von Torffeuern in die Nase, hier darf man getrost die weißen Aran Sweaters tragen, ohne sich fehl am Platz zu fühlen. Auf Inishmore erwartet einen die mächtige Klippenfeste Dún Aengus. Drei massive konzentrische Brustwehren aus trockengemauerten Steinen sowie »spanische Reiter« aus spitzen Steinen schützten die Ureinwohner, möglicherweise belgische Kelten, im Mythos Firbolgs genannt, vor etwaigen Eindringlingen. Von der See her war kein Angriff zu befürchten; an dieser Stelle fallen die Felswände jäh ab, und die in einer Tiefe von 90 Metern wogende Brandung peitscht erbarmungslos gegen das Gestein. Andere prähistorische Festungsanlagen dieser Art sind Dún Eochaill und Dún Eoghanachta auf Inishmore, Dún Conchúir und Dún Mothar auf Inishmaan sowie Dún Formna und Cathair na mBan auf Inisheer. Ihren Zweck erfüllten sie freilich nicht: Als im Jahre 483 der hl. Enda landete, um mit Genehmigung des christlichen Königs von Munster, Aengus, ein Kloster zu gründen, waren die Inseln längst wieder unbewohnt – ebenso wie das beinahe quadratische »Lindwurmloch« Poll na bPéist ganz in der Nähe, das Meereswogen nach und nach in den weichen Kalksteinfelsen gegraben haben.

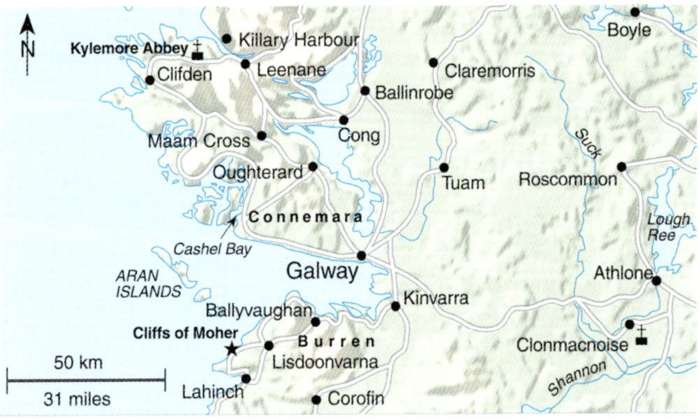

Galway und Connemara

Nach den Siedlungsleistungen und Naturwundern der Aran Islands wirkt Galway, die »City of the Tribes«, so benannt nach den 14 anglo-normannischen Geschlechtern aus dem 13. Jahrhundert, wie ein frischer Wind. In der am schnellsten wachsenden Stadt Europas herrscht ein dichtes, buntes Treiben: Märkte, Music Pubs, ein lebhaftes Kunst- und Kulturleben, das Internationale Literaturfestival Cúirt für Bücherfreunde, die Galway Races für Pferdenarren und das Internationale Austernfestival für die Gourmets, die die Schalentiere natürlich nicht zum Champagner, sondern zu seidigem Guinness schlürfen. Salthill und Spiddal sind beliebte Badeorte mit Sandstränden, von denen

1 *One-Man-Irish-Folk-Show in der Fußgängerzone von Galway, nicht nur mit dem Dudelsack. Dieses kreative traditionelle Instrument hat Tasten, Saiten und Schellen.*

1

1

2

der Blick über die vielbesungene Bucht von Galway auf die Berge von Clare geht. Spanish Arch mit seinem Schiffssymbol verweist auf die Präsenz der Spanier in dieser stolzen Kaufmannsstadt. Zu den Familien, die mit ihnen Handel trieben, gehörten auch die Lynchs, von den sich das Wort »lynchen« herleiten soll – ein Richter namens James Lynch Fitzstephen verurteilte 1493 seinen Sohn zum Tode, und, weil kein anderer es tun wollte, knüpfte ihn eigenhändig auf. Lynch's Castle aus dem Jahre 1320 beherbergt heute eine Bank. Die einheimischen Iren lebten nicht in der Stadt der Eroberer, sondern in dem Dorf Claddagh, aus dem der Freundschafts- und Verlobungsring mit den beiden Händen, die ein Herz halten, stammt.

Für die Fahrt in die wilde Landschaft Connemaras mit ihren eindrucksvollen Gebirgszügen Twelve Bens, Maamturk Mountains und Partry Mountains wählt man entweder die Küstenstrecke über Costelloe und Screeb oder die Straße, die über Oughterard am fischreichen Lough Corrib entlangführt. Auf der Landstraße bei Gortmore sieht man vor einem der unzähligen Seen Pearse's Cottage, eine jener typischen alten Bauernkaten, einstöckig, dickwandig, weißgetüncht und stroh- oder reetgedeckt, die dem Touristen wie der Inbegriff irisch-ländlicher Idylle vorkommen, während die einheimische Bevölkerung, der langen Entbehrungen überdrüssig, sie im Laufe der 1960er-, 1970er- und 1980er-Jahre mehr und mehr durch hässlichere, aber komfortablere Bungalows ersetzt hat. Von dem Felsen hinter dem Haus hat man einen herrlichen Blick auf Lough Eileabhruach, den auch das Dickicht aus Rhododendron und Fuchsien nicht verstellt. Die üppige Vegetation, ein dichter Teppich aus Farnen und Gräsern, kontrastiert mit der Kargheit der beiden winzigen, durch eine Wohnküche getrennten Schlafkammern. In diesem Sommerhäuschen wohnte und schrieb, inspiriert von der umliegenden braunen Moor- und der violetten Heidelandschaft, der Poet, Pädagoge, Politiker und Patriot Padraig Pearse (1879–1916), der 1916 den Sturm auf das Dubliner Hauptpostamt befehligte und Präsident der ersten, nur wenige Tage auf dem Papier bestehenden Irischen Republik war.

Roundstone und Clifden sind die hübschesten Ortschaften Connemaras, doch fährt man nach Connemara vor allem, um die Schönheiten der vielgestaltigen Landschaft, etwa der Insel Inishbofin vor Creggan, des Connemara National Park bei Letterfrack oder des 15 Kilometer langen fjordähnlichen Meeresarms Killary Harbour bei Leenane zu genießen. Auch die Benediktinerinnenabtei Kylemore Abbey lädt zu einem Besuch ein, ein prächtiger, mit Türmen und Zinnen versehener viktorianischer Herrensitz aus dem 19. Jahrhundert am Ufer des Pollacappul Lake, der heute ein Mädcheninternat beherbergt.

1 *Hinter Clifden im County Connemara erhebt sich die Bergkette der Twelve Bens.* – 2 *Idyllisch gelegen: die Benediktinerabtei Kylemore Abbey, ein neugotisches Haus mit großem viktorianischem Garten.* – 3 *Boote im Hafen von Roundstone.* – 4 *Connemara ist für seine Ponys berühmt.* – 5 *Einladende Caféterrassen in Clifden.*

Mayo und Achill Island

Unter den irischen Städten steht Westport einzig da. Der 3700 Einwohner zählende Ort an den Ufern des Carrowbeg entstand Ende des 18. Jahrhunderts nach Plänen des englischen Architekten James Wyatt, der Häuser und Straßen – wie die großzügig angelegte Hauptstraße The Mall – nach georgianischen Vorstellungen am Reißbrett entwarf. Ein Besuch der reizvoll an der Clew Bay gelegenen Markt- und Hafenstadt wäre unvollständig ohne eine Besichtigung von Westport House, dem im Besitz von Lord Altamont befindlichen Herrensitz am Westende der Stadt, 1730 von Richard Cassels erbaut und 1778 von James Wyatt erweitert. Während der Sommermonate hat das Publikum Zutritt zu den eleganten Sälen mit ihren Intarsien und Mosaiken, Silber- und Kristallglassammlungen und der Geige des musikalischen Bühnenautors John Millington Synge. Hauptstadt der Grafschaft Mayo ist jedoch nicht Westport, sondern das doppelt so große Castlebar.

Westlich von Westport ragt rund 750 Meter hoch Croagh Patrick auf, der heilige Berg Irlands. Wenn sein kegelförmiger Gipfel nicht gerade von Wolken eingehüllt ist, tut sich ein einzigartiges Panorama von Land, Küste und Meer auf. In der Tiefe liegt spiegelglatt Clew Bay mit ihren 365 Inseln, für jeden Tag des Jahres eine. Im Jahre 441 soll St. Patrick 40 Tage und Nächte auf dem Gipfel gefastet und mit inbrünstigem Gebet und heftigem Trommelschlag Schlangen und anderes giftiges Getier ins Meer getrieben haben. Religiöse Legende und zoologische Wirklichkeit fügen sich gefällig zusammen, denn tatsächlich ist die Insel infolge des frühzeitigen Abbruchs der Landverbindung zwischen Irland und England frei von Reptilien und Amphibien jeder Art, mit Ausnahme der harmlosen Bergeidechse, des Grasfroschs und des Teichmolchs.

Jedes Jahr am letzten Sonntag im Juli brechen Pilger und Ausflügler zu Zehntausenden auf, um in einer nicht abreißenden Menschenkette himmelwärts zu klettern und so dem Berg und dem Propheten die Ehre zu erweisen. Allerdings fanden ähnliche Bergbesteigungen wohl schon vor der Ankunft des Christentums statt – zur Verherrlichung des Gottes Crom Cruaich. Auf diese Weise machte sich die katholische Kirche heidnische Riten zunutze, die deswegen in abgeschwächter oder abgeänderter Form viele Jahrhunderte überdauerten. Noch im 14. Jahrhundert war so mancher irische Bischof verheiratet!

Auf der Fahrt nach Achill Island und erst recht weiter nördlich nach Belmullet, Ballycastle und Killala – wo 1798 ein französisches Expeditionsheer landete, um zugunsten der irischen Republik zu intervenieren – wird ersichtlich, weshalb das kahle, karge Mayo einer der ärmsten und menschenleersten Landstriche Irlands ist. Der Boden mit seinem hohen Säuregehalt und seiner schlechten Entwässerung reicht meist nur zu einer dürftigen Subsistenzwirtschaft. Von den Torfmooren, die 14 Prozent der irischen Gesamtfläche ausmachen, befindet sich ein Großteil in Mayo. Wundert es da noch, dass ein irisches Schimpfwort »bogtrotters« (Moortrampel, Torfdeppen) lautet, dass es heißt: »Man kann wohl die Menschen aus dem Moor entfernen, aber nicht das Moor aus den Menschen«, oder dass sich die Bezeichnung für irische Landpomeranzen (»Culchie«) von der Ortschaft Kiltimagh östlich von Castlebar herleitet? Immerhin dienen die Torfsoden, mit mühsamem Spatenstich aus dem feuchten Boden herausgelöst und an der Luft getrocknet, in einer Gegend, die kaum Wald aufweist, als

1 *Begehrter Brennstoff: mit dem Spaten gestochene Torfsoden.* – 2 *Der weithin sichtbare Croagh Patrick ist eine Wallfahrtsstätte zu Ehren des hl. Patricks, der die Schlangen aus Irland vertrieb.* – 3 *Am letzten Sonntag im Juli pilgern Tausende zum Gipfel des Croagh Patrick (764 m). Rückweg zum Ausgangspunkt Murrisk.*

2

3

1

willkommener Brennstoff, auch wenn die Regierung versucht, den privaten Torfabbau zu unterbinden.

Sligo und Yeats Country

Mit 4000 Einwohnern und 142 Quadratkilometern ist Achill Island die größte, dank einer beweglichen Brücke über den schmalen Sund auch die zugänglichste der irischen Inseln. Beherrscht wird sie von Bergmassiven, bis zu 240 Meter hohen, steil abfallenden Klippen, baumloser Heide, rostfarbenem Moor, weiten Buchten und brandendem Meer. Aber die farbliche Monotonie, an sich schon reizvoll, wird von den vielen Fuchsien und Rhododendronbüschen wettgemacht, deren rote Blüten im Frühsommer die Zufahrtsstraße zur Insel säumen, und von den faszinierenden Lichtstimmungen, die viele Maler anziehen.

Auf Achill, erst in Keel, dann in Dugort, lebte viele Sommermonate lang der Schriftsteller Heinrich Böll, der Irland mit seinem vielgelesenen »Irischen Tagebuch« (1957) eine Liebeserklärung machte. Ganz in der Nähe seines Cottage haben die menschlichen Tragödien des gebeutelten irischen Volkes ihre Spuren hinterlassen: Slievemore, das gespenstische »Skelett« eines seit der Großen Hungersnot verlassenen Dorfes an den Hängen des 672 Meter hohen gleichnamigen Berges, Cillín na Leanbh, ein halbversunkener Friedhof mit den Gräbern ungetaufter Kinder am Badestrand von Dugort, oder Corrymore House, Wohnsitz jenes berüchtigten Gutsverwalters Captain Charles Boycott, der in der breitangelegten Kampagne für eine Bodenreform um 1880 gesellschaftlich »boykottiert« wurde. Bei Cloghmore ragt die Ruine eines Bergfrieds von Grace O'Malley (1530–1603) auf. Die listenreiche Amazone schwang sich nach dem Tode ihres Vaters zur Herrscherin über die westliche Inselwelt auf und machte von ihrem Stammsitz Clare Island aus mit ihren Galeeren die Küstengewässer unsicher, sei es aus Patriotismus oder zur Selbstbereicherung, aus Freude an der Freibeuterei. Als irische Piratenkönigin trat sie bei einer Audienz im September 1593 der britischen Monarchin Elisabeth I. als Ebenbürtige gegenüber und lehnte es – anders als später ihr Sohn stolz ab, einen britischen Adelstitel anzunehmen. In der Gemeinde Louisburgh, von der es eine Fährverbindung nach Clare Island gibt, ist inzwischen ein kleines Museum eingerichtet worden.

»Nächster Halt: Amerika« ist keine bloße Redensart angesicht der Tatsache, dass nur noch die Fluten des Atlantiks die »Hölle« Mayo vom »Gelobten Land« trennen. Vielmehr trägt der Ausspruch dem Umstand Rechnung, dass zwischen Irland und den Vereinigten Staaten zahlreiche historische und politische Verflechtungen bestehen. Im Laufe der letzten Jahrhunderte wanderten so viele Iren – Presbyterianer wie Katholiken – ins Land der unbegrenzten Möglichkeiten aus, dass heute 42 Millionen US-Bürger für sich in Anspruch nehmen, irischer Abstammung zu sein.

2

Mit wenig mehr als 25 000 Einwohnern ist Leitrim die am dünnsten besiedelte Grafschaft Irlands und eine der ärmsten. Nur fünf Prozent der Bodenfläche sind landwirtschaftlich nutzbar, und einzig die Aufforstung verheißt einige wenige Arbeitsplätze. Selbst der Tourismus findet kaum nach Leitrim, es sei denn zum Glencar Waterfall, zum Lough Rinn House oder nach Carrick-on-Shannon, einem wichtigen Zentrum des Bootsverleihs und Ausgangspunkt für ausgedehnte

1 *Blick von Roonagh Quay über grüne Wiesen und den Atlantik zur Insel Clare im County Mayo.* – 2 *Rotblühende Fuchsien sorgen im Frühling für Farbe auf Achill Island.*

Fahrten mit dem selbstgesteuerten Kabinenkreuzer. In nördlicher Richtung gelangt man auf dem 224 Kilometer schiffbaren Shannon bis zum Lough Erne in Nordirland, in südlicher bis zum Lough Derg. Es gibt nichts Entspannenderes, als die abwechslungsreiche Szenerie ein, zwei Wochen lang gemächlich an sich vorübergleiten zu lassen.

Ben Bulben, Salley Gardens, Hawk's Well, Innisfree, Dooney Rock, Knocknarea oder Drumcliffe bezeichnen geographische Fixpunkte der lyrischen Imagination des Dichters William Butler Yeats (1865–1939), der wie kein anderer Schriftsteller des 19. und 20. Jahrhunderts für eine Rückbesinnung auf die heroisch-keltische Tradition des vorchristlichen Irland bei gleichzeitigem Eintreten für die literarische Moderne steht. Der anglo-irische Poet und Dramatiker, Bruder des impressionistischen Malers Jack B. Yeats, war die beherrschende Figur der Irischen Renaissance und gilt bis heute als bedeutendster irischer Lyriker englischer Zunge, wenn nicht gar als bedeutendster englischsprachiger Lyriker des 20. Jahrhunderts überhaupt. Die 164 Kilometer lange Strecke des »Yeats Country Drive« ist vorbildlich ausgeschildert.

Yeats liegt im Schatten des mächtigen, 526 Meter hohen Tafelbergs Ben Bulben begraben, auf dem kleinen protestantischen Friedhof des Dörfchens Drumcliffe. Der schlichte Grabstein trägt die wohl berühmteste Grabinschrift Irlands: »Cast a cold eye / On life, on death. / Horseman, pass by!«

In vielen seiner Lieder besang Yeats die malerische Szenerie Sligos. Vom Südostufer des Lough Gill aus ist das Inselchen Innisfree zu sehen, das Yeats in seinem wohl bekanntesten Gedicht zum Zufluchtsort vor den Nachstellungen des Londoner Großstadtlebens auserkor: »I will arise and go now, and go to Innisfree«. In Lissadell House bei Carney am Nordufer von Drumcliffe Bay war Yeats oft bei der anglo-irischen Grundbesitzerfamilie Gore-Booth zu Gast, deren Töchter Eva und Constance, die spätere Gräfin Markievicz, sich jede auf ihre Weise für den Bruch mit ihrer Klasse entschieden. Constance war beim Osteraufstand 1916 Leutnant der Irish Citizen Army, wurde 1918 als erste Frau ins britische Parlament gewählt und ein Jahr später sogar zur ersten Arbeitsministerin der Welt ernant.

Mit dem Sligo County Museum and Arts Gallery in Stephen Street verfügt die liebenswürdige Stadt Sligo über eine den Brüdern Yeats angemessene Stätte. Der Maler ist mit zahlreichen Bildern und Illustrationen vertreten, der Dichter mit Erstausgaben, Manuskripten, Briefen und Fotos. Das Yeats Memorial Building an der Hyde Bridge beherbergt eine Yeats-Bibliothek und veranstaltet die jährliche Sommeruniversität, die älteste der Insel. Auf der anderen Seite der Brücke steht seit 1989 eine Bronzestatue des Dichters.

1 *Gerichtshof in der Yeats-Stadt Sligo.* – 2 *Einsame Wasserläufe am Shannon-Erne-Kanal in der Nähe von Ballinamore.* – 3 *Neben dem Tourismus setzt die Wirtschaft auf Schafzucht und Windenergie.* – 4 *Beliebtes Ausflugsziel mit Canopy Walk und Wanderpfaden: der Lough Key Forest Park bei Boyle.* – 5 *Sligos Wahrzeichen: der Tafelberg Ben Bulben.*

4

5

1

2

Die höchste Ehrung aber war William Butler Yeats 1923 mit der Verleihung des Nobelpreises für Literatur zuteil geworden; die Medaille ist im Museum ausgestellt.
Weitere Anlaufstellen für Yeats-Verehrer außerhalb der Grafschaft Sligo sind der Wohnturm Thoor Ballylee nordöstlich von Gort (Co. Galway) und, durch ein teils unterirdisch verlaufendes Flüsschen mit ihm verbunden, das Anwesen Coole Park der anglo-irischen Folkloristin, Dramatikerin und Übersetzerin Lady Gregory mit seinem gepflegten Landschaftsgarten und dem »Autograph Tree«, in dem sich zahlreiche Autoren mit Monogrammen verewigt haben. Wer nicht auf den Spuren des Dichters wandeln will, sollte wenige Kilometer südlich von Sligo den Berg Knocknarea mit Irlands imposantestem Hügelgrab, der Sage nach letzte Ruhestätte der Königin Maeve aus dem 1. Jahrhundert n. Chr., besteigen oder bei Carrowmore das mit einer Fläche von 0,8 mal 2,5 Kilometern größte Gräberfeld Irlands besichtigen. Die 4000 Jahre alte neolithische Nekropolis mit ihren mehr als 60 erhaltenen Gräbern wird an Ausdehnung und Bedeutung nur noch vom bretonischen Carnac übertroffen.

Nördlicher als Nordirland: Donegal Co.

Donegal, eine der reizvollsten Gegenden der Insel, gehört ebenso wie die Grafschaften Cavan und Monaghan zur historischen Provinz Ulster, zählt aber politisch gesehen trotz der nördlichen Lage zum Süden. Nach Donegal gelangt man über den schmalen Landstreifen zwischen Sligo und Ballyshannon oder indem man, von Dublin kommend, Nordirland durchquert. Östlich von Donegal Town liegt Lough Derg, neben Croagh Patrick die wichtigste Wallfahrtsstätte Irlands. Vom 1. Juni bis zum 15. August darf Station Island – die Insel, auf der nach der Legende der hl. Patrick die bösen Geister vertrieb – nur von barfüßigen, fastenden und betenden Pilgern betreten werden. Die Fischereihäfen Killybegs und Burtonport, das Genossenschaftsdorf Glencolumbkille, benannt nach einem weiteren irischen Heiligen, St. Columba oder Colum Cille (»Taube der Kirche«), die Webersiedlungen Glenties und Ardara sind alle eingebettet in eine Landschaft von unvergleichlicher Schönheit. Die Steilklippen von Slieve League sind die höchsten Europas, nur Schwindelfreie taugen für die Gratwanderung entlang »One Man's Path«, wo die Felsen mehr als 500 Meter tief zum Meer hin abfallen. Bloody Foreland, Tory Island, der Quarzkegel des Mount Errigal, Glenveagh National Park mit der saubersten Luft Europas und Malin Head, der nördlichste Zipfel Irlands – das sind nur einige der landschaftlichen Attraktionen, mit denen das vom Rest des Südens abgeschnittene Donegal aufwartet.

Auf dem 250 Meter hohen Greenan Mountain zwischen Letterkenny und Derry gewährt der Grianán of Aileach, eines der eindrucksvollsten Steinforts Irlands, eine großartige Rundsicht auf die umliegenden Seen. Das um 1700 v. Chr. auf einem megalithischen Ganggrab errichtete Bauwerk mit der über fünf Meter hohen Trockensteinmauer diente vom 5. bis zum 12. Jahrhundert n. Chr. den O'Neills als Residenz und wurde 1874 bis 1878 grundlegend restauriert.

1 *Killybegs in Donegal ist bis heute ein bedeutender Fischereihafen.* – 2 *Slieve League: Blick vom Aussichtspunkt am Panoramaweg »One Man's Path«.* – 3 *Irische Begegnungen, zum Beispiel mit Metzgergesellen auf Wanderschaft in der Kleinstadt Ardara.*

McGeadys

Superlativ für Wanderer in Donegal ist der 749 Meter hohe Mount Errigal. Er sieht aus wie eine Pyramide und der Aufstieg kann es – je nach Wetter und Kondition – in sich haben. Die einfachere Strecke (5 km) dauert zwei Stunden. Bei gutem Wetter ist der Panoramablick bis zur Küste fantastisch, bei Wind und Nebel ist Vorsicht angebracht.

1

1, 3, 4 *Die Boote der Fischereiflotte warten vor Killybegs auf ihren nächsten Einsatz. Ab dem Spätsommer kommen ganze Schwärme Blauflossenthun in die fischreiche Bucht von Donegal. Dorsch, Schellfisch und Riesenrochen werden hier ebenfalls viel gefangen. –*
2 *Neben dem Hafen ist das idyllische Killybegs vor allem für die sogenannten Donegals-Teppiche berühmt.*

Seite 122/123: *Ein Leben mit der Natur: einsam gelegener Cottage bei Bloody Foreland.*

Ulster

Nordirland hat großen Nachholbedarf, was den Tourismus betrifft. 1994, als die Irisch-Republikanische Armee (IRA) ihren Waffenstillstand verkündete, übernachteten 200 000 Menschen in Belfast, jetzt sind es über eine Million im Jahr. Der Besuch lohnt sich. Ob das historische Derry, die Hauptstadt Belfast, die dank des Friedensprozesses einen enormen Aufschwung erlebt hat, oder die Stichtäler im Norden an der Küste Antrims mit dem Giant's Causeway – die ehemalige Krisenprovinz hat einiges zu bieten. Hier finden sich dieselbe herbe Schönheit des Landes und dieselbe Herzlichkeit seiner Menschen.

Ein Hochkreuz und ein acht Meter hoher Rundturm zählen zu den Überresten eines Klosters aus dem 6. Jahrhundert auf Devenish Island, einer von rund 200 Inseln im See Lough Erne.

Krieg und Frieden

Belfast – Carrickfergus – Island Magee – Glens of Antrim – Giant's Causeway – Bushmills – Derry – Fermanagh – Tyrone – Armagh – Down

Bei Nordirland dachte man bis in die Neunzigerjahre des vorigen Jahrhunderts weniger an Urlaub als an Mord und Terror. Seit Ausbruch des bewaffneten Konflikts Ende der 1960er-Jahre sind mehr als 3000 Menschen umgekommen. Ein klassischer Religionskrieg war es nicht, auch wenn sich vor allem in den ärmeren Arbeitervierteln das Leben immer noch strikt nach Konfessionen getrennt abspielt: Schulen, Schwimmbäder, Fußballvereine, Kneipen und selbst die Taxis sind segregiert. Beide Bevölkerungsgruppen haben ihre eigenen Gedenktage: Die Katholiken erinnern mit Demonstrationsmärschen an den 9. August, an dem 1971 über 300 Menschen interniert wurden, während die Protestanten am 12. Juli die Schlacht am Boyne feiern, als wäre sie erst gestern geschlagen worden. Doch das Ereignis liegt mehr als 300 Jahre zurück. Im Dezember 1920 verabschiedete das britische Parlament den »Government of Ireland Act«, mit dem die Insel geteilt wurde. Mit dem Anglo-Irischen Vertrag von 1921 wurde Irland zum Freistaat, und sechs der neun Grafschaften Ulsters verblieben im Vereinigten Königreich. Es war das größtmögliche Gebiet, in dem die unionstreuen Protestanten eine deutliche Mehrheit stellten und bis 1972 ungestört die Macht ausüben konnten. Im Gegensatz zu ihren südirischen Glaubensgenossen, die sich, eine kleine religiöse Minderheit, in das unabhängig gewordene Staatswesen eingliederten, beharrten sie auf ihrer einem kulturellen Überlegenheitsgefühl entspringenden Vorherrschaft und verschanzten sich hinter einer Belagerungsmentalität. Die Opposition gegen die Teilung hörte nie ganz auf. Doch erst mit Beginn der Bürgerrechtsbewegung erzielte sie nachhaltige Wirkung. Den Bürgerrechtlern, die sich 1967 formierten, ging es zunächst nur um demokratische Grundrechte, die in Westeuropa längst selbstverständlich waren – nicht jedoch in Nordirland. So war bis 1969 bei Kommunalwahlen nur stimmberechtigt, wer Steuerzahler war und ein Haus besaß. Ein Viertel der erwachsenen Bevölkerung, in der Hauptsache Katholiken, blieb so vom Urnengang ausgeschlossen. Protestantische Geschäftsleute hingegen hatten bis zu sechs Stimmen. Über die Kommunalverwaltungen sorgten die Protestanten auch dafür, dass ihre Glaubensgenossen bei der Vergabe von Wohnungen und Arbeitsplätzen bevorzugt wurden. Gegen diese Diskriminierungen protestierte die Bürgerrechtsbewegung. Erst als es zu Pogromen gegen Katholiken kam, weitete sich die Forderung nach einschneidenden Reformen zum Verlangen nach einer

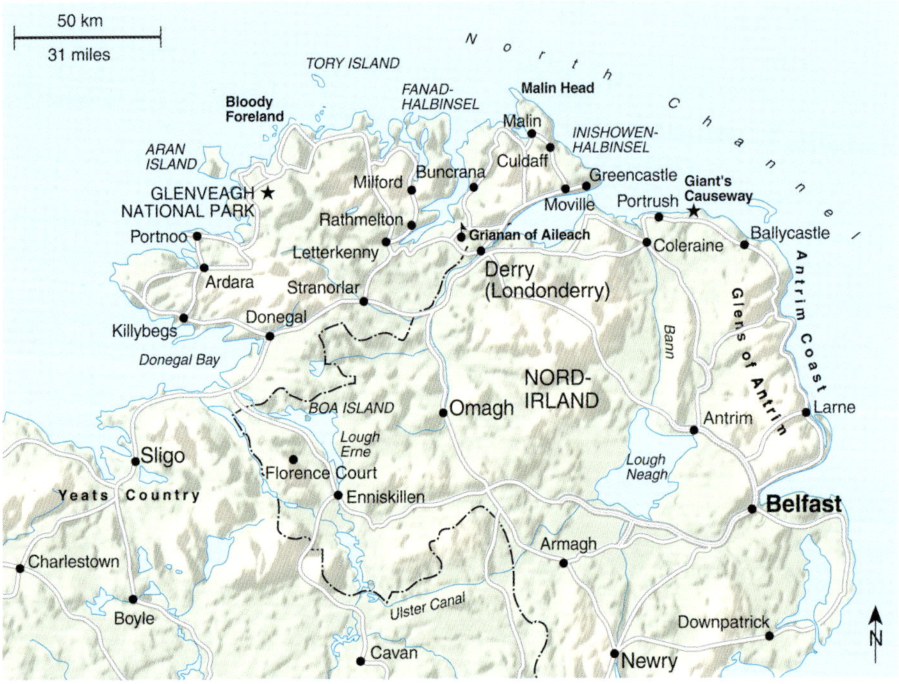

1 *Wandgemälde erinnern in der Altstadt von Belfast an den Nordirlandkonflikt. Dieses thematisiert die loyalistischen Streitkräfte, die Nordirland bis 1992 verteidigten. –*
2 *Nächtliche Lichter am verkehrsreichen Shaftesbury Square.*

ULSTERS·PAST·DEFENDERS
1920
1970
U·D·R
'B' SPECIALS
WILL DEFEND ULSTER NOW?
1

LEICESTER
ALLIANCE LEICESTER
Motorway M1
Dublin
2

1

Wiedervereinigung aus, und der bewaffnete Widerstand der IRA, der zunächst nur als Selbstschutzmaßnahme gedacht war, galt der britischen Herrschaft überhaupt. Der Nordirland-Konflikt war geboren. Touristen sind dabei nicht zu Schaden gekommen, wohl aber der Tourismus. Die meisten Irlandurlauber mieden die sechs Grafschaften im Nordosten, obwohl sie keineswegs unansehnlicher sind als andere Teile der Grünen Insel.

Belfast nach dem Krieg

Belfast ist eine junge Stadt. Erst 1603 gegründet, hat sie doch in dieser für Städte recht kurzen Zeit Aufschwung und Niedergang erlebt. Im 18. Jahrhundert war die Baumwollindustrie größter Arbeitgeber der Stadt, nach der Industrialisierung wurde Belfast zum Leinenzentrum der Welt, was der Stadt den Beinamen »Linenpolis« eintrug. Die zweite Schlüsselindustrie war der Schiffbau. In der Belfaster Werft Harland & Wolff, deren Kräne Samson und Goliath hoch in den Belfaster Himmel ragen, wurde die Titanic gebaut. Im Rathaus am Donegall Square, für das die St.-Pauls-Kathedrale in London als Modell diente, steht ein Denkmal für die »Unsinkbare«, dieses leidvolle Symbol für Fortschritt und Versehrbarkeit von Technik und Industrie.

Noch Anfang des 19. Jahrhunderts lebten nur 20 000 Menschen in Belfast, 100 Jahre später waren es schon 350 000. Nur ein Fünftel von ihnen war auch in der Stadt geboren. Als Leinen und Schiffe seit den 1930er-Jahren immer weniger gefragt waren, stagnierte die Bevölkerungszahl. Der Ausbruch des Konflikts bereitete den Hoffnungen auf internationale Investitionen und einen neuen Aufschwung in Belfast ein jähes Ende.

Belfasts Innenstadt reicht von der Queen's University, einem imposanten roten Backsteinbau im gotischen Tudor-Stil aus dem Jahr 1849, bis hin zum Albert Memorial, einem rund 140 Jahre alten Uhrenturm, der aus offensichtlichen Gründen auch »der schiefe Turm von Belfast« genannt wird. Neben der Universität, an der übrigens Irlands ehemalige Staatspräsidentinnen Mary Robinson und Mary McAleese lehrten, liegt der Botanische Garten. Die gläserne Kuppel des Palmenhauses ist das älteste Beispiel dieser Bauweise in der Welt. Im Ulster Museum am Rand des Botanischen Gartens hängen die Porträts von 13 US-amerikanischen Präsidenten, denen nachgesagt wird, dass ihre Vorfahren aus Ulster kamen.

Zwischen der Universität und dem schiefen Turm spielt sich Belfasts Nachtleben ab. Hier liegen die Restaurants, die Kinos und Diskotheken, das 100 Jahre alte Opernhaus im Zuckerbäckerstil und gleich nebenan das Europa Hotel. Kein Gebäude der Welt musste mehr Bombenanschläge über sich ergehen lassen als dieses Hotel – an die 35. Die gegenüberliegende Crown Bar mit ihrer Holztheke und den Séparées wurde übrigens als

2

3

4

1 *Das von der Renaissance inspirierte Rathaus von Belfast ist ein Symbol des Wirtschaftsaufschwungs im 19. Jahrhundert. Davor steht eine Statue von Queen Victoria.* – 2 *Belfasts Uni, die Queen's University, gab dem Viertel, in dem sie thront, seinen Namen.* – 3 *Taxi vor dem mondänen Hotel Europa.* – 4 *Viktorianischer Prunk und italienische Kacheln: der »Crown Liquor Saloon«, einer der berühmtesten Pubs von Belfast.*

Kulisse für den Film »Der Ausgestoßene« mit James Mason im Studio nachgebildet. Vom Friedensprozess beflügelt, hat Belfast einen Aufschwung erlebt, der die nordirische Hauptstadt in die Liste der »zehn aufstrebenden Städten der Welt« des Reiseführers »Lonely Planet« katapultiert hat. Im Zentrum sind Wohnhäuser, Hotels, Einkaufszentren und Bürogebäude entstanden, Straßen, Plätze und Altbauten wurden saniert, am Ufer des Lagan gibt es nun ein Konferenzzentrum und einen Vergnügungskomplex. Die neueste Attraktion ist das 400 Millionen Pfund teure Einkaufszentrum Victoria Square, zu dem das Restaurant Bá Mizu im Nobelkaufhaus House of Fraser gehört. Auf 75 000 Quadratmetern sind 98 Läden angesiedelt, die Verkaufsfläche in der Innenstadt ist auf einen Schlag um ein Drittel gewachsen. Das ambitionierteste Projekt ist jedoch das Titanic Quarter. Hier, auf dem früheren Grundstück von Harland & Wolff, entsteht ein High-Tech-Park, in dem einmal 10 000 Menschen arbeiten sollen. Forschung und Entwicklung sowie akademische Ausbildung kombiniert mit Freizeitangeboten und Wohnraum – das sind die Schlagworte, mit denen man weitere Investoren anlocken möchte. Hotels, Restaurants, ein Open-Air-Theater und ein Besucherzentrum, in dessen Mittelpunkt die Titanic steht, sollen die Anlage auch für Touristen attraktiv machen.

Die Küste von Antrim

Nördlich von Belfast, Richtung Carrickfergus, beginnt die Küstenstraße von Antrim, die zu den schönsten Fahrstrecken der Insel gehört. Carrickfergus ist die »britischste Stadt« Irlands. Hier landete am 14. Juni 1690 Wilhelm von Oranien, bevor er in die Schlacht am Boyne zog. Die betreffende Stelle an der Pier ist durch eine Gedenktafel markiert. Die Burg, die vom Felsen am Meer aufragt und das Stadtbild prägt, war von entscheidender Bedeutung für die Sicherung der anglo-normannischen Herrschaft in Irland. Sie stammt aus dem Jahr 1180. Eine Zeitlang war Carrickfergus der einzige Ort im Norden der Insel, wo Englisch statt Gälisch gesprochen wurde. Bis weit ins 19. Jahrhundert war Carrickfergus die wichtigste Stadt im Nordosten, erst dann übernahm Belfast diese Rolle.

Island Magee, eine elf Kilometer lange Halbinsel nördlich von Carrickfergus, wirkt wie ein vergessener Ort. Man begegnet nur wenigen Menschen, es ist sehr still, die Straßen sind holprig. Am Straßenrand steht der Ballylumford-Dolmen, ein Megalithgrab mit nur einer Kammer, das zwischen 2000 und 1500 v. Chr. errichtet wurde.

Die steilen Basaltklippen von Island Magee waren Schauplatz eines Massakers. In der Nacht des 23. Oktober 1641 griffen die einheimischen Iren in der ganzen Provinz Ulster die protestantischen Siedler an, die von der englischen Krone für treue Dienste mit Grundbesitz in Irland belohnt worden waren. Viele der Siedler flohen nach Carrickfergus. Dort stellte der schottische General Munro eine Armee von 3000 Mann auf, schlug die Rebellion blutig nieder und rächte sich an den Bewohnern von Island Magee: Er ließ sie von den Klippen ins Meer werfen.

Hinter Larne, wo die Fähren aus Schottland anlegen, haben die Gebirgsbäche, die zum Meer hinunterfließen, neun fruchtbare Täler ausgewaschen: die Glens of Antrim. Sie sind berühmt – in den Augen der Ordnungshüter wohl eher berüchtigt – für schwarzgebrannten Whiskey. Der englische Schriftsteller William Makepeace Thackeray fühlte sich an »die Schweiz en miniature« erinnert, als er Glenariff mit seinen Laubwäldern und Wasserfällen

1 *Fischerboot vor der Küste von Antrim.* – 2 *An der wunderschönen Küstenlinie der Grafschaft Antrim finden sich malerische Dörfchen.* – 3 *Romantisch: Im griechisch anmutenden Mussenden Temple bei Castlerock kann man sich trauen lassen.*

2

3

besuchte. Cushendall ist die »Hauptstadt der Glens«, da hier drei Stichtäler zusammenlaufen.
Von Ballycastle, einem 4000-Seelen-Ort, der im August zur Ould Lammas Fair, dem ältesten Pferdemarkt Irlands, auf 100 000 Menschen anwächst, legt die Fähre ab nach Rathlin Island – aber nur bei schönem Wetter. Die bumerangförmige Insel mit ihren weißen Klippen ist etwas für Hobby-Ornithologen: Es gibt insgesamt etwa 175 Vogelarten, 74 davon brüten auf der Insel.
Einigen Mut benötigt man, um die Seilbrücke von Carrick-a-rede bei Ballintoy zu passieren, die älteste Hängebrücke der Britischen Inseln. Über eine 18 Meter breite Schlucht gelangt man zu einer kleinen Insel, auf der sich seit 350 Jahren eine Lachsfangstation befindet. Bis 1890 gab es nur ein Seil zum Festhalten. Als ein zweites Seil angebracht wurde, empfanden die Fischer das als dekadent.
Ungefährlich ist dagegen der Giant's Causeway, der »Dammweg des Riesen«, denn Riesen gibt es dort schon lange nicht mehr. Der Namensgeber, ein gewisser Cuchulainn, hatte den anderen Riesen Fionn MacCumhaill zum Kampf herausgefordert. Der hatte so schreckliche Angst, dass seine Frau Una eine List ersann. Sie steckte ihren Mann in die Kinderwiege und harrte der Ankunft des Raufbolds. Als er endlich eintraf, erklärte sie ihm, dass Fionn nicht zu Hause sei, bedeutete ihm aber zu warten. Um ihm die Zeit zu vertreiben, bot sie ihm einen Pfannkuchen an, in den sie Backbleche eingebacken hatte. Cuchulainn biss sich einen Zahn aus. Una fragte ihn, ob er sich nicht zu viel vorgenommen habe, wenn er nicht mal einen Pfannkuchen vertrage, die Leibspeise von Fionns Sohn. Dabei reichte sie einen Pfannkuchen in die Wiege, freilich ohne Backbleche. Aber Saft aus einem Stein herauspressen könne er doch wohl, meinte Una. Er konnte es nicht, dafür aber das Wiegenkind, das einen frischen Cheddar-Käse verwendete. Da bekam Cuchulainn es so mit der Angst zu tun, dass er die Flucht ergriff und dabei die ganze Küste durcheinanderbrachte. Tatsächlich entstanden diese Felsgebilde mit phantasievollen Namen wie »Orgel des Riesen« oder »Wunschsessel« vor 60 Millionen Jahren, als Lavamassen durch die Erdkruste brachen und erstarrten. Sie wurden zu erstaunlich symmetrischen Basaltsäulen, 37 000 an der Zahl. Die deulich erkennbaren Gesteinsschichten in der Steilküste der benachbarten Buchten verweisen auf mehrere Phasen vulkanischer Eruption.
Antrims Küste ist nicht nur für Poteen, den illegal gebrannten Kartoffelschnaps, berühmt, sondern auch für legal hergestellten Whiskey. In Bushmills steht die älteste lizenzierte Brennerei der Welt, sie besitzt seit 1608 eine Konzession. Die Iren sind stolz darauf, dass sie den Whiskey erfunden haben. Der Name des edlen Getränks stammt von dem alten irischen Wort »uisce beatha«: Lebenswasser. Aus diesen, für englische Zungen unaussprechlichen Wörtchen wurde das simple »Whiskey« – oder »Whisky« für die schottische Variante.
Im Jahr 1965 schlossen sich die Brennereien Power, Tullamore Dew, Paddy und Jameson zur »Irish Distillers Group« zusammen. Dadurch sollte der Wettbewerb auf dem einheimischen Markt ausgeschal-

tet werden, damit man sich verstärkt dem Export widmen konnte. 1973 kam auch die älteste Destille der Welt, Bushmills aus Nordirland, hinzu, so dass die Irish Distillers Group das Whiskey-Monopol auf der Insel besaß. Die internationale Vermarktung ihrer Erzeugnisse ließ jedoch nach wie vor zu wünschen übrig. Auf dem lukrativen amerikanischen Markt konnte sich der irische Whiskey kaum

1 *Basaltsäulen von erstaunlicher Symmetrie prägen Giant's Causeway, den »Dammweg des Riesen«. Sie entstanden durch Vulkanismus vor 60 Millionen Jahren.* – 2 *Wacklige Angelegenheit für Schwindelfreie: die Hängebrücke von Carrick-a-rede.*

durchsetzen. 1988 ging die Irish Distillers Group schließlich in den Besitz des französischen Unternehmens Pernod Ricard über. Auch die lange Zeit einzige unabhängige Destille Irlands, Cooley, ist nicht mehr unabhängig: Sie wurde im Dezember 2011 von Jim Beam gekauft.
Bis zur Prohibition war irischer Whiskey in den Vereinigten Staaten marktbeherrschend. Doch während des Alkoholverbots 1920 bis 1933 brannten viele Amerikaner ihren Whiskey schwarz und gaben ihm wohlklingende irische Namen. Dadurch wurde der Ruf des irischen Whiskeys ruiniert, weil die Qualität des illegalen Gebräus erbärmlich war. Nach Aufhebung der Prohibition eroberte der schottische Whisky den US-Markt. Er hatte den Vorteil, dass er billiger zu produzieren ist: Er wird nur zweimal destilliert, der irische Whiskey dagegen dreimal.

Die Grenzstadt Derry

Wer Derry sagt, ist katholisch. Protestantische Kaufleute, die Handel mit London trieben, nannten die Stadt Londonderry, und so heißt sie auch offiziell. Weil jedoch die Katholiken die Mehrheit im Stadtrat haben, nennt er sich Stadtrat von Derry. So weit, so kompliziert. Wenn hier von Derry die Rede ist, dann nicht aus religiösen, sondern aus historischen Gründen. Die Stadt hat eine lange Geschichte. Ende des 6. Jahrhunderts stiftete der hl. Colmcille im »Eichenhain« (irisch Doire) ein Mönchskloster. Später trafen die Wikinger ein und brachten Geld und Handel, und noch später kamen die Engländer und gründeten eine Garnison, die 1603 zur Stadt erhoben, jedoch schon nach fünf Jahren vom Clan der O'Dohertys dem Erdboden gleichgemacht wurde. Bei der Neugründung ab 1613, bei der man sich das französische Vitry-le-François zum Vorbild nahm, baute man deshalb eine Mauer um die Stadt. Diese Maßnahme sollte noch eine wichtige Rolle spielen. Nachdem der katholische König Jakob II. in England durch seinen protestantischen Widersacher Wilhelm III. abgelöst worden war, verbündete er sich mit Ludwig XIV. von Frankreich. Ihre Truppen marschierten auf Derry zu, doch 13 Lehrlinge schlossen in letzter Sekunde die Stadttore. Die folgende Belagerung dauerte 105 Tage, dann gab Jakob auf. Die Heldentat der Lehrlinge wird heute noch an jedem 12. August von Nordirlands Protestanten mit Umzügen gefeiert.
Derry ist die einzige Stadt Irlands, deren Stadtmauer vollständig erhalten ist. Und sie ist begehbar: Der anderthalb Kilometer lange Rundgang mit Zwischenstopp im Tower Museum, das im nachgebauten O'Doherty-Turm untergebracht ist, bringt einem die Stadt und ihre Geschichte nahe. Durch fünf Tore fließt der Autoverkehr in die Innenstadt, vier der Straßen führen wie bereits im Mittelalter auf den Diamond, das Zentrum der Stadt. Ganz in der Nähe, in der Kathedrale von Sankt Columba, befinden sich die ersten Kirchenglocken, die in Irland geläutet wurden. Das Rathaus, ein neugotischer Bau mit

1 *Der irische Whiskey wird in Kupferkesseln gebrannt.* – 2 *Nicht alle Einwohner Derrys sind katholisch … Derrys presbyterianische Kirche.* – 3 *Ein Pubbesuch ist überall in Irland eine Art Religion des Alltags.* – 4 *Derrys neugotische Guildhall am zentralen Guildhall Square hat sehenswerte Buntglasfenster.*

4

1

2

einer Schatzkammer voller historischer Gegenstände, liegt allerdings außerhalb der Stadtmauer vor dem Shipquay-Tor. Bis auf das Fountain-Viertel ist die Westseite Derrys katholisch, die Protestanten wohnen in der Neustadt östlich des Foyle, der von der doppelstöckigen, 365 Meter langen Craigavon-Brücke überspannt wird.

Fermanagh und Tyrone

Seit dem Jahr 1993 ist der Lough Erne in Fermanagh wieder mit dem Shannon verbunden. Unter 34 Brücken und durch 16 Schleusen hindurch schippern im Sommer die Freizeitkapitäne aus aller Welt mit ihren Kabinenkreuzern auf dem Ballinamore-Ballyconnell-Kanal umher. Das hätte sich John McMahon sicher nicht träumen lassen, als sein Kanal 1869 stillgelegt wurde.
Der 80 Kilometer lange Erne fließt von einem Ende der wasserreichen Grafschaft Fermanagh zum anderen. Unterwegs verbreitert er sich zweimal zu einem See: dem Upper und dem Lower Lough Erne. Dazwischen liegt der Hauptort der Grafschaft, Enniskillen, mit seiner wuchtigen Burg, in der zwei Museen untergebracht sind. Das ganze Ufer des Lower Lough Erne ist mit Burgen, Burgruinen und Landhäusern der englischen Siedler aus dem 17. Jahrhundert gesäumt: Monea Castle und Tully Castle, Magherameenagh Castle und Castle Caldwell, Crevenish Castle und Castle Archdale, Castle Hume und Ely Lodge.

Die Inseln im Lough Erne dagegen sind durch Kirchenruinen, Klöster und Friedhöfe geprägt, allen voran Devenish Island, wo der hl. Molaise im 6. Jahrhundert eine Klosteranlage gründete. Vorchristliche Bedeutung hat Boa Island, auf die von der Porzellanstadt Belleek eine Straße führt. Boa war die Kriegsgöttin der Kelten, und auf dem Kopf der 2500 Jahre alten Janusfiguren auf dem Caldragh-Friedhof sollen ihr die Druiden Opfer dargebracht haben. Sind schon die von Menschenhand geschaffenen Steinfiguren recht alt, so sind die von der Natur ausgewaschenen Marble Arch Caves südwestlich des Lower Lough Erne in den Cuilcagh Mountains noch viel älter. Die Kalksteinkaskaden sind vor mindestens 50 000 Jahren entstanden. Anderthalb Kilometer der Höhle sind begehbar, auf manchen der unterirdischen Flüsschen kann man mit einem Elektroboot fahren. Östlich von Fermanagh erstreckt sich County Tyrone bis zum Ufer des Lough Neagh, des größten Sees der britischen Inseln. Die Grafschaft, von Mooren und der Sperrin-Bergkette durchzogen, ist dicht bewaldet und nur dünn besiedelt. Abgesehen von der Grafschaftshauptstadt Omagh, von Cookstown, Strabane und Dungannon, gibt es keine größeren Ansiedlungen, dafür aber reichlich prähistorische und keltische Spuren: rund 1000 Standing Stones (Menhire) und Steinkreise, darunter »The Druid's Circle« und die sieben Steinkreise von Beaghmore aus der Bronzezeit, das mit alten Inschriften verzierte Hünengrab »The Druid's Altar« und das Ganggrab im Knockmany Forest bei Augher. Im Ulster History Park bei Omagh findet man alles an einem Ort versammelt, wenn auch nicht

im Original: In dem Freilichtmuseum sind Steinzeithütten und Steinkreise, prähistorische Grabstätten und Siedlungen aus der Zeit der »Plantation« nachgebildet.
Im nahe gelegenen Ulster-American Folk Park geht es um jüngere Geschichte. Im 18. und 19. Jahrhundert sind zwei Millionen Menschen aus Ulster nach Amerika ausgewandert, den berühmtesten unter ihnen hat man hier ein Denkmal gesetzt – und Ulstermen, die es in den USA zu etwas gebracht haben, gibt es genug.

1 *Das abends angestrahlte Enniskillen Castle im Lough Erne beherbergt das Museum der Grafschaft Fermanagh.* – 2 *Hausbooturlaub auf dem Fluss Erne in Nordirland.* – 3 *Im Ulster-American Folk Park lernt man die traditionelle Lebensweise der Nordiren kennen.*

Armagh und Down: Heilige und Rebellen

Armagh, die Hauptstadt der gleichnamigen Grafschaft, ist seit 1500 Jahren das religiöse Zentrum Irlands. Der hl. Patrick, der Irland praktisch im Alleingang christianisiert haben soll, gründete im Jahr 445 in Armagh sein erstes Bistum. Heute haben sowohl der katholische als auch der protestantische Erzbischof ihren Sitz in der Stadt. Ihre Kathedralen stehen sich auf zwei Hügeln gegenüber, beide sind nach Patrick benannt. Allerdings kann das protestantische Gotteshaus für sich beanspruchen, dass es genau an der Stelle des Klosters von Patrick steht. An der Nordseite der Kirche wurde der Hochkönig von Irland, Brian Boru, begraben, der im Jahr 1014 zwar die Wikinger geschlagen hatte, den Sieg aber mit dem eigenen Leben bezahlen musste.

Eine menschliche Siedlung gab es in Armagh bereits vor der Ankunft des irischen Schutzpatrons. Vermutlich hatte er den Ort für den Beginn seiner Arbeit auserkoren, weil er nur einen Steinwurf vom heidnischen Zentrum Irlands entfernt lag: Navan Fort ist ein kreisförmiger Erdwall von 250 Meter Durchmesser. In der Mitte steht ein Hügel, auf dessen Spitze sich eine Art Grassockel befindet. Die Anlage ist möglicherweise 4000 Jahre alt, genau wissen es die Archäologen aber nicht. Das Fort war jedenfalls die Hauptstadt des Gebiets der Ulaidh, die es »Emain Macha« nannten. Es ist auch Schauplatz des Ulster-Sagenzyklus »Tain Bó Cuailnge« (»Rinderraub von Cooley«). Armagh gilt als Garten von Ulster, vor allem wegen seiner Apfelbäume. Von der Grafschaftshauptstadt aus führt im Mai eine »Apfelblütenstraße« hinaus aufs Land in die Obstgärten. Ist die Stadt mit ihrem Observatorium, Planetarium und den hellen Kalksteinhäusern in erster Linie eine religiöse Stätte, so geht es im Süden der Grafschaft weniger heilig zu. Die Gegend um das von einer Quäkerfamilie 1845 erbaute Modelldorf Bessbrook bis hinunter nach Crossmaglen galt bei der britischen Armee als »Banditenland«, was man angesichts der lieblichen Landschaft und der verschlafen wirkenden Ortschaften gar nicht glauben mag. Doch in keiner anderen Region Nordirlands war die IRA aktiver, so dass die Armee ihre Stützpunkte vorsichtshalber nicht über die Landstraßen versorgte, sondern aus der Luft mit Hubschraubern. Auf dem Marktplatz von Crossmaglen steht ein steinernes Denkmal für die in Süd-Armagh getöteten IRA-Kämpfer. Der Polizeiinspektor Henry Browning schrieb bereits 1849: »Crossmaglen ist wahrscheinlich der schlimmste Teil dieses Landes.«

Östlich davon, zwischen den Bergen Ring of Gullion von Armagh und den Mourne Mountains von Down, liegt Newry, das zu beiden Grafschaften gehört. Down ist das wohl vielseitigste County Irlands, neben seinen Bergen bietet es eine herrliche Meeresküste mit Badeorten wie Newcastle und seinem berühmten Royal-County-Down-Golfplatz sowie Meeresbuchten wie Strangford Lough, eines der artenreichsten Gewässer Europas: Von den Booten aus, die von Portaferry auf der sichelförmigen Ards-Halbinsel ablegen, kann man 100 verschiedene Fischarten, eine Seehundkolonie, seltene Wasservögel und gelegentlich auch Wale und Haie beobachten.

Wo der Slaney bei Saul in den Strangford Lough fließt, landete im Jahre 432 der hl. Patrick in Irland. Als Ersten bekehrte er damals den Stammesfürsten Dichu, der ihm eine Scheune für seine Gottesdienste schenkte – ein bescheidener Anfang für den irischen Nationalheiligen. Saul (irisch für Scheune) war auch Sterbeort Patricks.

1 *Die Windmühle von Ballycopeland mahlt auch heute noch.* – 2 *Die Saint Patrick's Church of Ireland, über der Stadt Armagh thronend, wurde im 19. Jahrhundert erbaut.* – 3 *Zeitreise in die Geschichte der Landwirtschaft: die Getreidemühle in Annalong, einem Fischerdorf zu Füßen der Mourne Mountains.*

2

3

VISITORS

Klassische Symmetrien bestimmen den Garten von Belfast Castle auf dem Cave Hill. Der schottische Baronial-Stil des Schlosses von Queen Victoria, Balmoral Castle, war das architektonische Vorbild.

Seite 142/143
Das genaue Alter des Leuchtturms von Donaghadee auf der Ards Peninsula ist unbekannt, aber man geht davon aus, dass er schon seit dem 17. Jahrhundert den Schiffen hier den Weg leuchtet. Das Städtchen hat aber noch einiges mehr zu bieten: Hier soll Irlands ältester Pub stehen, eröffnet im Jahr 1611 – ganz unumstritten ist der Status jedoch nicht …

OPEN

2

1 Das zwischen 1839 und 1852 erbaute Palm House im Botanischen Garten von Belfast ist für seine Vogelkäfigkuppel aus Gusseisen und Glas bekannt. – 2 Blick in Belfasts elegantes Victoria Square Shopping Center. – 3 Seit 2007 symbolisiert eine Stahlskulptur von Andy Scott die Renaissance der Stadt Belfast. – 4 Der schiefe Turm von Belfast: Am Queen's Square neigt sich der Albert Memorial Clock Tower zur Seite.

3

4

Irlands Top Ten

Book of Kells

Eine der schönsten keltischen Evangelienhandschriften Irlands ist in der von Thomas Burgh zwischen 1712 und 1732 erbauten Alten Bibliothek des Trinity College Dublin zu besichtigen, täglich wird eine Seite umgeblättert. Das reich illustrierte Manuskript auf kalbsledernen Seiten wurde um das Jahr 800 von Mönchen in Kells angefertigt. Das Buch wurde später aus der Sakristei in Kells gestohlen, man fand es jedoch zwei Monate später, weil der Dieb es lediglich auf die goldene Schatulle abgesehen hatte, in der das Buch aufbewahrt wurde. Neben dem Book of Kells sind das Book of Armagh, das Book of Durrow, die älteste Harfe Irlands und ein Exemplar der Unabhängigkeitserklärung von 1916 ausgestellt. (Mo.–Sa. 9.30–17.00 Uhr, So. 9.30–16.30 Uhr von Mai–September, 12.00–16.30 Uhr von Oktober–April.)

Glendalough

In den Bergen von Wicklow liegt das »Tal der beiden Seen« (irisch: Gleann Dá Loch) mit den Ruinen einer Klostersiedlung. Der hl. Kevin hatte sich im 6. Jahrhundert hierher zurückgezogen, um in Einklang mit der Natur zu leben. Er soll 618 im Alter von 120 Jahren gestorben sein. Am 3. Juni, dem »St. Kevin's Day«, kommen jedes Jahr Pilger aus ganz Irland nach Glendalough. Die Anlage wurde von den Wikingern und später von englischen Truppen mehrfach geplündert und schließlich von einem Feuer vernichtet, sie blieb aber bis ins 19. Jahrhundert eine der wichtigsten europäischen Pilgerstätten. Die Klostersiedlung wird von einem über 30 Meter hohen Rundturm beherrscht, der um 1066 vergeblich zum Schutz gegen die Wikinger gebaut wurde.

Rock of Cashel

Auf dem 30 Meter hohen Felsen, einem riesigen Findling, der sich weithin sichtbar über die Ebene erhebt, befindet sich Irlands »Akropolis«, ein dichtgefügtes Ensemble von Kirchenbauten aus dem 12. und 13. Jahrhundert, darunter ein Rundturm, ein Hochkreuz, eine gotische Kathedrale sowie eine Burg aus dem 15. Jahrhundert. Im 5. Jahrundert soll der hl. Patrick den keltischen König von Munster, Aenghus, auf dem Rock of Cashel getauft haben. (Im Sommer täglich 9–19 Uhr, im Frühling und Herbst bis 17.30 Uhr, im Winter bis 16.30 Uhr).

Ring of Kerry

Die 179 Kilometer lange Küstenstraße in der Grafschaft Kerry führt rund um die gebirgige Iveragh-Halbinsel von Killorglin nach Kenmare und bietet ein Übermaß an Naturschönheiten, darunter den Blick auf den Mönchsfelsen Skellig Michael und auf den höchsten Berg Irlands, den Carrantuohill in den Macgillycuddy's Reeks. Busse dürfen den Ring wegen der schmalen Straße nur gegen den Uhrzeigersinn befahren. Besonders sehenswert sind unterwegs die restaurierten Steinforts bei Cahersiveen, das Staigue Fort, die Ogamsteine bei Derrynane, Dunloe und Kilcoolagh sowie die Steinreihe von Eightercua bei Waterville.

Burren

Die Karstlandschaft des Burren (Co. Clare), die durch Gletscher und Erosion entstanden ist, wirkt nur auf den ersten Blick kahl. Doch in den Spalten zwischen den Felsplatten wachsen arktische neben alpinen und mediterranen Pflanzen. Zeugnisse menschlicher Besiedlung sind Megalithgräber, Kochstellen und Verteidigungsanlagen. Eines der zahlreichen Höhlensysteme mit unterirdischen Flüssen und Seen ist die Aillwee Cave (täglich ab 10 Uhr, letzte Führung 18.30 Uhr im Juli und August, 17.30 Uhr im Mai, Juni, September und Oktober, 17 Uhr in den übrigen Monaten). In der Doolin Cave kann man den größten frei hängenden Stalaktiten der nördlichen Hemisphäre besichtigen (März–November 10–17 Uhr). Am westlichen Rand des Burren fallen die bis zu 210 Meter hohen Cliffs of Moher steil

1 Der weiße Leuchtturm in der Karstlandschaft des Burren steht über der Bucht von Galway. – 2 Besuchermagnet: die Klosterruine von Clonmacnoise. – 3 UNESCO-Weltnaturerbe: Giant's Causeway, »der Damm des Riesen« aus Basaltgestein.

zum Atlantik ab. In dem Besucherzentrum informieren Ausstellungen und Filme über die geologische Geschichte der Gegend.

Clonmacnoise

Eines der eindrucksvollsten Klöster Irlands ist Clonmacnoise (Co. Offaly), das im Jahr 548 vom hl. Ciaran gegründet wurde. Die von Mauern eingefasste Anlage mit den Ruinen von sieben Kirchen aus dem 10. bis 13. Jahrhundert, zwei Rundtürmen, einer Kathedrale, der größten Sammlung frühchristlicher Grabsteine in Westeuropa und einer Burg befindet sich am Ufer des Shannon. Die Hochkreuze und einige der Grabsteine sind im Besucherzentrum ausgestellt, wo auch ein kurzer Film über die Geschichte der Klosteranlage gezeigt wird. In Athlone, Carrick-on-Shannon oder Ballina gemiete Kabinenkreuzer können in Clonmacnoise anlegen (November bis Mitte März täglich 10–17.30 Uhr, Mitte März bis Mitte Mai 10–18 Uhr, Mitte Mai bis Anfang September 9–19 Uhr, September und Oktober 10–18 Uhr).

Grianán of Aileach

Das runde Steinfort südlich von Fahan, wörtlich der »Palast der Sonnengöttin«, diente einst als Sitz des Königsgeschlechts der O'Neills und ist eines der interessantesten Altertümer von Ulster. Die Verteidigungsanlage mit vier Meter dicken und fünf Meter hohen Wänden steht auf dem 244 Meter hohen Hügel des Greenan Mountain mit weiter Aussicht auf die Seen von Donegal. Wahrscheinlich ist das Fort im 5. Jahrhundert vor Chr. als heidnischer Tempel gebaut worden. Im 12. Jahrhundert wurde die Anlage durch die Normannen zerstört, 1833 wiederentdeckt und 1874–78 restauriert (täglich 10–18 Uhr, freier Eintritt).

Stadtmauer von Derry

Es ist die einzige vollständig erhaltene und begehbare Stadtmauer Irlands. Sie wurde 1618 zum Schutz der englischen und schottischen Siedler errichtet und ist bis zu acht Meter hoch und an einigen Stellen neun Meter breit. Die Stadtmauer hat mehreren Belagerungen standgehalten und wurde nie eingenommen. Auf dem anderthalb Kilometer langen Rundgang mit Zwischenstopp im Tower Museum hat man einen guten Überblick über die Anlage des historischen Stadtkerns.

Giant's Causeway

Der spektakuläre »Damm des Riesen«, von der UNESCO zum »Weltkulturerbe« erklärt, ist eine vor 60 Millionen Jahren entstandene Formation aus erstarrter Lava. Die 37 000 Basaltsäulen von symmetrischer Gestalt wirken wie eine ins Meer gebaute gigantische Pflasterstraße. Etwa die Hälfte der Säulen hat einen sechseckigen Querschnitt, es gibt jedoch auch welche mit vier, fünf, sieben oder acht Ecken. Manche Säulen erreichen eine Höhe von zwölf Metern. Das Naturwunder hat viele mythologische Erklärungen hervorgerufen, die allemal interessanter sind als die wissenschaftliche Erklärung (täglich ab 9.30 Uhr).

Newgrange

Das prähistorische Kuppelgrab (aus dem Jahr 3150 v. Chr. und damit 1000 Jahre älter als die ägyptischen Pyramiden) gehört mit Knowth und Dowth zu der an einer Schleife des Boyne gelegenen vorkeltischen Nekropolis Brugh na Bóinne. Der Grabhügel hat einen Durchmesser von 90 Metern, der Gang, der in die kreuzförmige Grabkammer führt, ist 22 Meter lang. Bei Sonnenaufgang zur Wintersonnenwende am 21. Dezember treten die Sonnenstrahlen durch eine Luke über dem Eingang in den Gang und erhellen für eine Viertelstunde die innere Kammer (Juni bis Mitte September 9.00–19.00 Uhr, Mitte September bis Ende September 9.00–18.30 Uhr, Oktober 9.30–17.30 Uhr, November bis Februar 9.30–17.00 Uhr, März und April 9.30–17.30 Uhr, Mai 9.00–18.30 Uhr).

1

2

Festivals & Events

Temple Bar Trad Fest

Traditionelle Musik mit irischem Schwerpunkt, Workshops, Familienprogramm, Marktstände mit kulinarischen Spezialitäten. Dublin, Temple Bar, Ende Januar, www.templebartrad.com

Dublin International Film Festival

Auch wenn es sich nicht mit Cannes messen kann, so gewinnt Dublins Filmfestival immer mehr an Bedeutung. Gezeigt werden Klassiker, aber auch Experimental- und Autorenfilme. Dublin, Mitte bis Ende Januar, www.jdiff.com

Saint Patrick's Day Festival

Ganz Irland feiert seinen Schutzpatron mit Umzügen, Musik, Feuerwerk und viel Alkohol. Die größte Parade findet in Dublin statt. 17. März, in vielen Städten und Dörfern, www.stpatricksfestival.ie

International Pan Celtic Festival

Festival der keltischen Kultur mit ihrer Sprache, Musik, Liedern, Tänzen und Sport sowie regionalen kulinarischen Spezialitäten. In der Woche nach Ostern, Dingle Peninsula, www.panceltic.ie

Ballydehob Jazz Festival

Ein kleines, aber durchaus beachtenswertes Jazzfestival mit Musik in den Pubs und auf den Straßen. Am 1. Maiwochenende, Ballydehob, www.ballydehobjazzfestival.org

Bloomsday Festival Dublin

Am 16. Juni dreht sich alles um den »Ulysses«: James-Joyce-Fans aus aller Welt kommen nach Dublin, um auf den Spuren des Romanhelden Leopold Bloom zu wandeln. 16. Juni, Dublin, www.jamesjoyce.ie

Feile Belfast

Das zehntägige Festival im Westteil der nordirischen Hauptstadt mit Konzerten, Ausstellungen, Diskussionen, Sport, Touren, Umzügen und der internationalen Food Fayre ist eines der größten seiner Art in Europa. Belfast, Ende Juli bis Anfang August, www.feilebelfast.com

Puck Fair Killorglin

Auf diesem Festival wird nicht nur ein Geißbock zum König ernannt, was einen vorchristlichen Hintergrund hat, sondern es gibt auch Musik, Tanz und gutes Essen. 10. bis 12. August, Killorglin, www.puckfair.ie

Fleadh Cheoil na hÉireann

Irlands nationales Festival der traditionellen Musik, auf dem die Meisterschaft in den verschiedenen Instrumenten ausgetragen wird. Jährlich wechselnder Ort, Mitte bis Ende August, www.comhaltas.ie/fleadh

Matchmaking Festival

Auf dem immer noch funktionierenden Heiratsmarkt wird viel gesungen, getanzt und getrunken. Auch Nicht-Heiratswillige sind willkommen. September (vor allem an den Wochenenden), Lisdoonvarna, www.matchmakerireland.com

Clarenbridge Oyster Festival

Ein Wochenende mit Golftouren, Kunstausstellungen, Yacht-Rennen, Weinverkostungen und natürlich Austern und der Wahl der »Austernperle«. Anfang September, Clarenbridge, www.clarenbridge.com

Wexford Opera Festival

Irland ist nicht unbedingt für Opernmusik bekannt, doch das Festival in Wexford ist einen Besuch wert. Oktober, Wexford, www.wexfordopera.com

Waterford International Music Festival

Musicals, Gospel, alternative Musik – das Waterford International Music Festival im November feiert zwei Wochen lang das Beste aus der Musik. Waterford City, www.waterfordintlmusicfestival.com

Dublin Docklands Christmas Market

Zwanzig Tage lang findet im Dubliner Hafengebiet der Weihnachtsmarkt mit Holzhütten und Weihnachtsbäumen aus Deutschland und Musik aus Irland statt. Anfang Dezember bis Weihnachten, George's Dock, Docklands, Dublin, www.docklands.ie

1 *Saisonale Festivals locken das ganze Jahr über Teilnehmer und Schaulustige in Scharen an.* – 2 bis 3 *Ein gesellschaftliches Highlight sind die Pferderennen in Galway, nicht zuletzt eine Gelegenheit, sich mal wieder in der Öffentlichkeit zu zeigen.*

Zeittafel

Um 6000 v. Chr.
Aus Schottland kommende Stämme siedeln im Norden.

Um 5000 v. Chr.
Irland wird vom europäischen Festland abgetrennt.

795
Die Wikinger überfallen Irland. Die zerstrittenen irischen Kleinkönige leisten keinen nennenswerten Widerstand.

1171
Heinrich II. errichtet die englische Oberherrschaft über Irland.

1607
Mit der »Flucht des Grafen« und der anschließenden Besiedlung Ulsters durch Schotten und Engländer (»plantation«) wird das Ende der gälischen Zivilisation besiegelt.

1690
In der Schlacht am Boyne wird der katholische Jakob II. von seinem protestantischen Schwiegersohn Wilhelm von Oranien besiegt.

1. 1. 1801
Selbstauflösung des korrupten Parlaments und Vereinigung Irlands mit England (»Act of Union«).

1845–1849
Die Kartoffelpest führt zur größten Hungersnot der irischen Geschichte. Eine Million Menschen verhungern, bis 1900 wandern zweieinhalb Millionen Iren nach Amerika aus.

1916
Einwöchiger Dubliner Osteraufstand der Irish Volunteers und der Irish Citizen Army. Hinrichtung der Führer.

1918
Bei den Parlamentswahlen gewinnt Sinn Féin 73 von 105 Mandaten (36 Abgeordnete sitzen in englischen Gefängnissen).

21. 1. 1919
Die Abgeordneten von Sinn Féin bilden ein unabhängiges irisches Parlament (Dáil Éireann), das von Großbritannien nicht anerkannt wird. Es kommt zum Unabhängigkeitskrieg.

6. 12. 1921
Anglo-Irischer Vertrag über die Teilung der Insel und die Bildung eines irischen Freistaats innerhalb der British Dominion.

Juni 1922
Bei den Wahlen zum neuen Dáil gewinnen die Vertragsbefürworter unter Michael Collins. Es folgt ein blutiger Bürgerkrieg, der erst im Mai 1923 endet.

1937
Annahme der gegenwärtigen Verfassung. Erster Staatspräsident wird Douglas Hyde.

1939–1945
Neutralität des Freistaats im Zweiten Weltkrieg.

1949
Proklamation der Republik Irland.

Februar 1967
Gründung der Bürgerrechtsbewegung Northern Ireland Civil Rights Association (NICRA).

1969
Beginn der bürgerkriegsähnlichen Unruhen in Nordirland, der »Troubles«, Wiedererstarken der IRA.

30. Januar 1972
Am »Bloody Sunday« erschießen britische Fallschirmjäger 14 unbewaffnete Teilnehmer einer katholischen Bürgerrechtsdemonstration. Verhängung der britischen Direktherrschaft.

1981
Hungerstreik von IRA- und INLA-Häftlingen für die Anerkennung als politische Gefangene: zehn Tote.

1990
Mit Mary Robinson wird die erste Frau zum Staatsoberhaupt Irlands gewählt.

1998
Das britisch-irische Abkommen, das Nordirland den Frieden bringen soll, wird bei der getrennten Abstimmung in der Republik Irland und in Nordirland mit großer Mehrheit angenommen.

2002
In der Republik Irland wird der Euro als Zahlungsmittel eingeführt. In Nordirland gilt nach wie vor das britische Pfund.

2011
Michael D. Higgins wird zum Präsidenten der Republik Irland gewählt.

1.1. 2013
Irland übernimmt für sechs Monate die EU-Präsidentschaft.

Übernachten & Genießen

Dublin

Übernachten

Davenport Hotel
Hinter der neoklassizistischen Fassade von Alfred G. Jones verbirgt sich eines der elegantesten Hotels Dublins samt Lobby mit Marmorsäulen und einem von georgianischen Fenstern umgebenen Atrium. Merrion Square, Dublin 2, Tel. 01/607 35 00, www.davenporthotel.ie

Shelbourne Hotel
Wohnen wie die Schriftsteller William Makepeace Thackeray und George Moore, die hier abgestiegen sind: geräumig und elegant. Die irische Verfassung wurde hier entworfen, Anfang des 20. Jahrhunderts kellnerte hier Adolf Hitlers Halbbruder Alois. 27 St. Stephen's Green, Dublin 2, Tel. 01/663 45 00, www.marriott.de

Temple Bar Hotel
Zentral gelegenes Hotel am Eingang des Viertels Temple Bar. Cocktailbar und geräumiges Terrace Café. Behindertengerechte Zimmer. Fleet Street, Dublin 2, Tel. 01/677 33 33, www.templebarhotel.com

Genießen

Gallagher's Boxty House
»Boxty« ist ein gefüllter Kartoffel-Pfannkuchen. Herzhafte irische Landkost zu traditioneller irischer Musik vom Band, erschwingliche Preise. Täglich 11–22.30 Uhr, Fr./Sa. bis 23 Uhr. 20 Temple Bar, Dublin 2, Tel. 01/677 27 62, www.boxtyhouse.ie

La Stampa
Einer der schönsten Speisesäle Dublins mit Gemälden von Graham Knuttle. Täglich 18.00–24.00 Uhr, 35 Dawson Street, Dublin 2, Tel. 01/612 79 11, www.lastampa.ie

Roly's Bistro
Hier ist alles qualitativ hochwertig und lecker. Mo.–Fr. 7.30–22.30 Uhr, Sa.–So. 9–22.30 Uhr. 7 Ballsbridge Terrace, Dublin 4, Tel. 01/668 26 11, www.rolysbistro.ie

Leinster

Übernachten

Marlfield House, Gorey
Luxuriöse Unterkunft und fabelhaftes Essen in einer Landvilla aus dem Jahre 1820. Wer über das nötige Kleingeld verfügt und mit dem Hubschrauber anreist, kann hier landen. Gorey, Tel. 053/942 11 24, www.marlfieldhouse.com

Hunters' Hotel, Rathnew
Eine der ältesten Kutschenstationen Irlands, in Familienbesitz. Rathnew, Tel. 0404/401 06, www.hunters.ie

Kelly's Resort Hotel, Rosslare
Vier-Sterne-Hotel mit Swimmingpool im Haus und im Freien. Zahlreiche Sportmöglichkeiten: Sauna, Squash, Snooker, Tennis, Freizeitzentrum, Gymnastikraum, Golf, Reiten, Angeln. Rosslare, Tel. 053/913 21 14, www.kellys.ie

Genießen

The Old Schoolhouse, Swords
Restaurierte Schule mit angenehmem Restaurant, das Schule gemacht hat. Mo.–Sa. 18.30–22.30 Uhr, Lunch So.–Fr. 12.30–14.30 Uhr. Coolbanagher, Swords, Tel. 01/840 41 60, www.theoldschoolhouse.ie

Campagne, Kilkenny
Garrett Byrne and Brid Hannon haben sich auf französische Küche mit lokalen Zutaten spezialisiert. Di.–Sa. 18–22 Uhr, Lunch Fr.–So. 12.30–14.30, So. 15 Uhr. 5 The Arches, Gashouse Lane, Kilkenny City, Tel. 056/777 28 58, www.campagne.ie

Munster

Übernachten

Adare Manor, Adare
Neogotischer Herrensitz am Fluss Maigue mit wunderbarer Galerie und imposanten Räumlichkeiten. Adare, Tel. 061/605 200, www.adaremanor.com

Waterford Castle, Waterford
Mit Kabelfähre zu erreichende Burganlage (18. Jh.) auf eigener Insel. The Island, Ballinakill, Tel. 051/87 82 03, www.waterfordcastle.com

Orchid House, Fanore
Das schönste B & B weit und breit: komfortable Zimmer mit TV und Internet, großartiger Blick auf Atlantik und Aran Islands, üppiges Frühstück. Derreen, Craggagh, Fanore, Tel. 065/707 69 75, www.orchidhouse.net

3

1 *An warmen Sommertagen trinkt man den Espresso nach dem Essen besser draußen.* – 2 *Voll ausgestattete Cottages sind eine gute Alternative zu Hotelzimmern.* – 3 *Ein echter Genuss: frische Meeresfrüchte.*

Genießen

The Ivory Tower Restaurant
Exzellente internationale Küche (große Auswahl auch für Vegetarier) in minimalistischem Ambiente. Do.–Sa. ab 19 Uhr. The Exchange Buildings, 35 Princes Street, Cork, Tel. 021/427 46 65, www.ivorytower.ie

Ballymaloe House
Die Besitzerin und ihre Schwiegertochter haben hier fast im Alleingang aus dem Nichts fantastische irische Küche kreiert. Aus ihrer Schule sind zahlreiche Meisterköche hervorgegangen. Viele Zutaten stammen aus eigenem Anbau. Mo.–So. Lunch ab 13.00 Uhr, Dinner 19.00–21.00 Uhr, Shanagarry, Tel. 021/465 25 31, www.ballymaloe.ie

Connacht

Übernachten

Ashford Castle
Fünf-Sterne-Prachtschloss am Nordufer des Lough Corrib – das Beste, was Irland zu bieten hat. Cong, Tel. 094/954 60 03, www.ashford.ie

Newport House
Ein mit Efeu bewachsenes, georgianisches Landhaus wie aus einem anderen Jahrhundert. Newport, Tel. 098/412 22, www.newporthouse.ie.

Sligo Park Hotel
Modernes Drei-Sterne-Hotel mit Swimmingpool und Freizeitzentrum. Pearse Road, Sligo, Tel. 071/919 04 00, www.sligoparkhotel.com

Genießen

Chez Hans
In einem Kirchenbau gleich neben dem Rock of Cashel serviert ein deutscher Koch klassische irische Gerichte. Di.–Sa. 18.30–22 Uhr, Cashel, Tel. 062/611 77, www.chezhans.net

Destry Rides Again
Benannt nach einem Marlene-Dietrich-Film, erfinderisch und beschwingt. Mo.–So. 18.30–22.00 Uhr, The Square, Clifden, Tel. 095/217 22

Castlemurray House
Durch und durch französische Küche in der Wildnis Donegals. Hier kann man auch Zimmer mieten – mit irischem Frühstück. Sehr unterschiedliche Öffnungstage je nach Jahreszeit. Dunkineely, Tel. 074/973 70 22, www.castlemurray.com

Nordirland

Übernachten

Ten Square Hotel
Neben dem Rathaus gelegenes Vier-Sterne-Hotel mit 23 Zimmern. Die Sunday Times ernannte es zum »coolsten Hotel Belfasts«. 10 Donegall Square South, Belfast BT1 5JD, Tel. 02890/241 001, www.tensquare.co.uk

Glassdrumman Lodge
Luxushotel, Restaurant mit Zutaten aus eigenem Anbau. 85 Mill Road, Annalong BT34 4RH, Tel. 028437/684 51, www.glassdrummanlodge.com

Beech Hill Country House Hotel
Überaus stilvolle Atmosphäre, berühmtes Restaurant, romantischer Speisesaal. Mo.–So. 12.30–14.30 Uhr, 18.30–22.00 Uhr. 32 Ardmore Road, Derry BT47 3QP, Tel. 02871/3492 79, www.beech-hill.com

Genießen

Ramore, Portrush
Herausragendes orientalisches Restaurant mit einsehbarer Küche. Di.–Sa. 19.00–22.00 Uhr, Weinbar So., Mi., Do. 17.30–21.30 Uhr, Fr., Sa. 18.30–22.30 Uhr. The Harbour, Portrush, Tel. 02870/82 6969, www.ramorerestaurant.com

Tedfords Restaurant, Belfast
Alan und Sharon Foster haben sich auf Fischgerichte spezialisiert, aber für Fleischliebhaber ist auch gesorgt. Das Restaurant mit 45 Plätzen ist behinderten- und kindergerecht. Mi.–Fr. 12–14.30 Uhr, Di.–Sa. 17–21.30 Uhr. 5 Donegall Quay, Belfast BT13EF, Tel. 02890/43 40 00, www.tedfordsrestaurant.com

CoCo, Belfast
Hinter dem Rathaus gelegenes modern eingerichtetes Restaurant, in dem Chefkoch Jason More innovative Gerichte zu erträglichen Preisen kocht. Mo.–Fr. 12–15 Uhr, Mo.–Sa. ab 18 Uhr, So 12–16 Uhr. Linenhall Street, Belfast BT2 8AA, Tel. 02890/31 11 50, www.cocobelfast.com

1

2

Irland von A bis Z

Anreise

Mit dem Flugzeug

Direktflüge bieten Aer Lingus, Ryanair, German Wings, Lufthansa und Swissair ab Berlin, Düsseldorf, Frankfurt, Hamburg, Köln, München, Stuttgart, Hahn, Memmingen, Wien und Zürich nach Dublin, Cork, Kerry, Knock und Belfast. Von Dublin aus sind die Flughäfen Cork, Kerry, Knock und Shannon gut zu erreichen.

Mit dem Auto

Viele Urlauber reisen mit dem eigenen Fahrzeug an. Dabei hat man die Wahl zwischen der Direktverbindung Frankreich – Irland und der »Landbridge« über Großbritannien. Von den französischen Häfen Cherbourg, Le Havre und Roscoff verkehren Fähren nach Cork und Rosslare. Für die Fahrt über den Ärmelkanal nach Großbritannien und von dort über die Irische See nach Dublin, Dún Laoghaire und Rosslare gibt es verbilligte Durchbuchungstarife. Durch den Eurotunnel zwischen Calais und Folkestone verkehrt hundertmal täglich der Autoreisezug »Le Shuttle«; die Fahrzeit beträgt ungefähr 30 Minuten.

Mit der Bahn

Tägliche Verbindungen über London nach Holyhead und Liverpool zu den Fähren nach Dún Laoghaire und Dublin. Mit dem »Eurostar« gelangt man innerhalb von drei Stunden von Paris oder Brüssel durch den Eurotunnel nach London. Alternativ über Paris nach Roscoff, Cherbourg oder Le Havre und von dort direkt mit der Fähre nach Irland.

Ärztliche Versorgung

Deutsche und Österreicher sollten sich vor Reiseantritt bei ihrer Krankenversicherung das Formblatt E 111 besorgen, das zur kostenlosen Behandlung bei niedergelassenen Ärzten berechtigt. Schweizer müssen die Kosten für eine Untersuchung (ca. 50 Euro) vorstrecken. Eine zusätzliche Reiseversicherung gegen Krankheit und Unfall ist zu empfehlen. In Krankenhäusern ist, außer in wirklichen Notfällen, mit längeren Wartezeiten zu rechnen, die Behandlung ist kostenlos.

Bed & Breakfast

So gut wie überall findet man Bed & Breakfasts – ob in kleinen Privathäusern bei irischen Familien, in Farmhäusern oder in größeren »Guesthouses«. Die Fremdenverkehrszentrale gibt jährlich den »Accommodation Guide« mit Adressen in allen Regionen Irlands heraus.

Camping

In der Republik gibt es 128 von Bord Fáilte empfohlene Campingplätze, die unterschiedlich ausgestattet sind, aber in jedem Fall über gute sanitäre Einrichtungen verfügen. Außerhalb dieser Plätze ist Camping nicht gestattet.

Diplomatische Vertretungen

In Deutschland

Botschaft der Republik Irland
Friedrichstr. 200, 10117 Berlin, Tel. 030/22 07 20, info@irishembassy.de

In Österreich

Botschaft der Republik Irland
Rotenturmstr. 16–18, A-1010 Wien, Tel. 01/715 42 46 oder 01/715 52 39, vienna@iveagh.irlgov.ie

In der Schweiz

Botschaft der Republik Irland
Kirchenfeldstr. 68, CH-3005 Bern, Tel. 031/352 14 42, irlemb@bluewin.ch

In Irland

Deutsche Botschaft
31 Trimleston Ave, Booterstown, Tel. 01/269 30 11.

Österreichische Botschaft
15 Ailesbury Road, Dublin 4, Tel. 01/269 45 77.

Schweizer Botschaft
6 Ailesbury Road, Dublin 4, Tel. 01/218 63 82.

Einreise

Deutsche, österreichische und Schweizer Staatsangehörige benötigen zur Einreise einen gültigen Reisepass oder Personalausweis. Die Einfuhr von Fleisch- und Milchprodukten ist verboten. Zur Vorbeugung gegen Tollwut sowie Maul- und Klauenseuche müssen Haustiere sechs Monate vor Einreise in Quarantäne.

Elektrogeräte

Die Stromspannung beträgt 220 Volt (Nordirland: 240 Volt) und 50 Hertz Wechselstrom.

1 *Aughrusbeg Beach: Dieser weitläufige Naturstrand bei Cleggan gefällt auch Vierbeinern.* – 2 *Die Twelve Bens im County Galway sind ein Eldorado für Radler und Biker.* – 3 *Slàinte (Prost) auf Irland mit dem Nationalgetränk.*

Für die irischen Steckdosen benötigt man einen Adapter mit drei Stiften.

Feiertage

Gesetzliche Feiertage in der Republik Irland sind:
1. Januar (Neujahrstag)
17. März (St. Patrick's Day)
Ostermontag
25. und 26. Dezember (St. Stephen's Day bzw. Boxing Day)

»Bank Holidays«, an denen Banken, Postämter, Behörden und Büros geschlossen bleiben, sind jeweils der 1. Mo. im Mai, Juni und August sowie der letzte Mo. im Oktober. An Karfreitag (kein gesetzlicher Feiertag) und am 25. Dezember hat kein Pub geöffnet. In Nordirland wird zusätzlich zum 17. März der 12. Juli (protestantischer Gedenktag an die Schlacht am Boyne 1690) gefeiert, »Bank Holidays« sind jeweils der 1. Mo. im Mai und der letzte Mo. im August.

Geld und Währung

In der Republik Irland ist der Euro das Zahlungsmittel, in Nordirland das britische Pfund Sterling. Kreditkarten sind in allen Hotels, Restaurants und Geschäften gängig. Mit Kredit- oder Euroscheckkarten können Sie an den meisten Geldautomaten Bargeld abheben.

Informationen

Die irische Fremdenverkehrsbehörde heißt Bord Fáilte (»Willkommensbehörde«). Tourist Offices gibt es in allen Städten und an vielen Stätten. Das größte von ihnen, Dublin Tourism Centre, befindet sich in einer umgebauten Kirche am Ende der Suffolk Street, Dublin 2, Tel. 01/605 77 00 oder 18 50 23 03 30. Vor der Reise wende man sich an die auch für Österreich und die Schweiz zuständige Irland Information:
Tourism Ireland
Gutleutstr. 32, 60329 Frankfurt, Tel. 069/92 31 85-0

Klima

Weil die Atlantik-Insel im Einflussbereich des Golfstroms liegt, sind die Temperaturschwankungen gering. Im Winter werden durchschnittlich 5 °C gemessen, von Mai bis September rund 16 °C. Nur selten steigt das Thermometer über 25 °C. Am sonnigsten ist es im Mai und Juni mit sechs Stunden Sonnenschein pro Tag, im äußersten Südosten sogar bis zu siebeneinhalb Stunden.

Mietwagen

Mietwagen sollten schon vor Reiseantritt gebucht werden, die Bedingungen sind meist günstiger als vor Ort. Autoverleiher gibt es in allen größeren Städten, je nach Wagenklasse ist mit 300 bis 500 Euro pro Woche zu rechnen.

Notfall

Die irische Polizei hat eine Rufnummer für in Not geratene Touristen: 1890 365700, www.tas.ie

Telefon

Die Vorwahl von Irland für Gespräche aus Deutschland, Österreich und der Schweiz ist 003 53, Die Landesvorwahl für Deutschland ist 00 49, für Österreich 00 43, für die Schweiz 00 41.

Verkehr

In Irland herrscht Linksverkehr, aber rechts hat Vorfahrt. Besonders bei der Einfahrt in einen Kreisverkehr ist Vorsicht geboten, und Fußgänger müssen beim Überqueren einer Straße zuerst nach rechts schauen! Die Höchstgeschwindigkeit auf Autobahnen ist 120 km/h, auf Landstraßen 90 km/h, in geschlossenen Ortschaften 50 km/h. Ein einfacher gelber Streifen am Straßenrand bedeutet Parkverbot, ein doppelter Halteverbot. Der zulässige Alkoholspiegel liegt bei 0,5 Promille. Es gilt allgemeine Anschnallpflicht.

Zeit

Irland gehört zur Zeitzone der Greenwich Meantime (GMT), d.h. es ist jeweils eine Stunde früher als in Mitteleuropa, auch in der Sommerzeit (April–Oktober). Auch die Jahreszeiten sind vorzuverlegen: Laut keltischem Kalender beginnt der Frühling am 1. Februar, der Sommer am 1. Mai, der Herbst am 1. August und der Winter am 1. November.

1

2

Register

1 *Mit dem Hausboot auf Irlands Gewässern: ein Spaß für die ganze Familie.* – 2 *Pittoreskes Natursteinmauerwerk: ein Teil der irischen Geschichte.* – 3 *Auch Angler und Fliegenfischer finden in Irland ihr Glück.*

Impressum

Die Fotografen

Holger Leue gilt als einer der angesehensten deutschen Reisefotografen. Seine Aufnahmen aus aller Welt sind bereits in mehr als 50 Bildbänden, Reiseführern und Kalendern sowie in unzähligen Zeitschriftenartikeln erschienen. Die Bildagenturen LOOK und Lonely Planet Images präsentieren seine Arbeiten. Wenn er nicht in der weiten Welt unterwegs ist, lebt er abwechselnd in San Francisco/USA und dem osthessischen Haunetal. Mehr unter: www.leue-photo.com

Ingolf Pompe ist nach einer Grafikdesign-Ausbildung an der Kunstakademie Stuttgart und dem Fotografiestudium am Plymouth College of Art and Design in England als freier Fotograf tätig. Er veröffentlichte zahlreiche Reportagen und Bildbände. Er ist Mitglied der Agentur LOOK in München und lebt in Stuttgart.

Die Autoren

Hans-Christian Oeser, geboren 1950, lebt seit 1980 als Übersetzer und Herausgeber und Reisebuchautor in Dublin. Er übersetzte bereits Werke von Autoren wie Brendan Behan, William Faulkner und F. Scott Fitzgerald, blickt aber auch auf zahlreiche eigene Buchpublikationen zurück.

Ralf Sotscheck, geboren 1954, lebt seit 1985 in Dublin. Der Berliner mit irischer Familie und irischem Pass arbeitet als freire Mitarbeiter für Fernsehen, Hörfunkt, Zeitschriften und Buchverlage. Seine Wahlheimat ist bevorzugtes Thema seiner Publikationen.

Bildnachweis

Holger Leue: S. 5, 8/9, 10, 12/13, 16/17, 20/21, 24 o., 25, 26, 27 o., 29 M., 32 o., 32 u., 34, 35, 49, 52, 53, 54 o., 54 u., 55 o., 55 u.l., 55 u.r., 67 u., 74, 75 o., 75 u.l., 75 u.r., 78 o., 78 u., 79 o., 80/81, 88, 89 o., 92, 93, 95 o., 96 o., 96 u., 97 o., 97 M., 97 u., 98 o., 98 u., 100/101, 102 o., 103 o., 109 M., 109 u., 110, 111 u., 113, 114 M., 115 o., 116 u., 136 u., 148, 148/149, 149, 150/151, 152, 153, 154, 154/155, 155, 158/159;
Ingolf Pompe: S. 2/3, 14/15, 18/19, 22, 23 o., 23 u., 27 u., 28 o., 28 u., 29 o., 29 u., 30, 33, 36 o., 36 u., 37, 38, 39, 40/41, 43 o., 43 u., 44 u., 45 o., 45 M., 45 u., 46, 47, 48, 51 o., 51 u., 56/57, 65 o., 65 M., 65 u., 66, 67 o., 69, 70 o., 70 M., 70 u., 72 o., 84, 85 M., 85 u., 86, 87 o., 87 u., 89 M., 89 u., 90 o., 90 M., 90 u., 91 o., 91 u., 94, 95 u., 98 M., 99, 102 u., 103 u.l., 103 u.r., 104/105, 107, 108 o., 108 u., 109 o., 114 o., 116 o., 117, 121 u.l., 121 u.r., 122/123, 127 o., 127 u., 128, 129 o., 129 M., 129 u., 130, 131 o., 131 u., 133, 134 M., 134 o., 136 o., 146, 146/147, 150, 151, 152/153;
Fritz Dressler, Worpswede: S. 59 o., 59 u.;
Bildagentur Huber, Garmisch-Partenkirchen: S. 6/7 (Fuchs), 24 u. (Pearson D.);
GlowImages, Köln: S. 31, 120 (Designpics), 73 (Eye Ubiquitous), 134 o. (Handl, C.), 83 u. (Harding, R.), 63 o., 68, 71, 85 o., 139 o. (Irish Images Collection RM), 60/61 (Siepmann, M.), 76/77, 83 o., 118/119 (SuperStock);
mauritius images, München: S. 142/143 (age fotostock), 79 u., 111 o. (imagebroker);
Picture Alliance, Frankfurt a.M.: S. 112 (Mayall, P.);
Shutterstock (www.shutterstock.com): S. 140/141 (Brown, J.), 121 o. (Chaikovskiy, I.), 132 (Clark, P.), 145 o. (Howard, B.), 145 u.l. (khwi), 72 u. (krechet), 147 (Krugman, P.), 50 (Maffeis, T.), 139 u. (McIlroy, J.), 124/125 (NCG), 64 (Pecold), 63 u. (Pyma), 135 (Santos, L.), 44 o., 137, 138 (Semik, R.), 58 u. (Stein, J.), 114 u., 115 u. (walshphotos), 58 o. (Wilson, R.), 144, 145 u.r. (Zastavkin, S.)

S. 2/3: Die Klippen von Moher bei Sonnenaufgang
S. 5: Alle Iren sind rothaarig – wer's glaubt!
S. 6/7: Küsteniandschaft auf Achill Island im County Mayo
S. 8/9: Auch für Wanderer ist die »Grüne Insel« ein Paradies
S. 158/159: Hausbootidylle auf dem Lough Ree, nahe Glasson

Umschlag

Vorderseite: Der Giant's Causeway gehört zum Welterbe der UNESCO (Bildagentur Huber, Garmisch-Partenkirchen/Spila, R.)
Rückseite: Typisch irisch: eine alte Burg und eine Pferdekutsche, hier vor dem Birr Castle (Leue, H.)

Alle Angaben dieses Werkes wurden von den Autoren sorgfältig recherchiert und auf den aktuellen Stand gebracht sowie vom Verlag geprüft. Für die Richtigkeit der Angaben kann jedoch keine Haftung übernommen werden.
Für Hinweise und Anregungen sind wir jederzeit dankbar. Bitte richten Sie diese an:

Bruckmann Verlag
Postfach 40 02 09
D-80702 München
E-Mail: lektorat@bruckmann.de

Produktmanagement: Stephanie Iber
Korrektorat: SAW Communications, Sabine A. Werner, Mainz
Layout: graphitecture book & edition, Rosenheim
Kartografie: Astrid Fischer-Leitl, München
Umschlaggestaltung: Ulrike Huber, www.uhu-design.de, Kolbermoor
Repro: Repro Ludwig, Zell am See
Herstellung: Bettina Schippel, Barbara Uhlig
Printed in Slovenia by Florjancic

Die Deutsche Nationalbibliothek verzeichnet diese Publikation in der Deutschen Nationalbibliografie; detaillierte bibliografische Daten sind über http://dnb.d-nb.de abrufbar.

ISBN 978-3-7654-5371-7

In gleicher Reihe erschienen ...

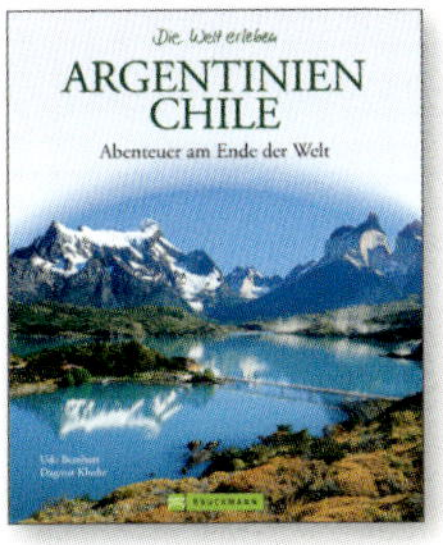

ISBN 978-3-7654-5645-9

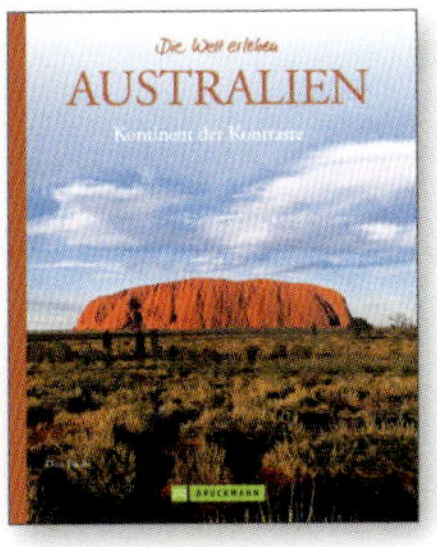

ISBN 978-3-7654-5854-5

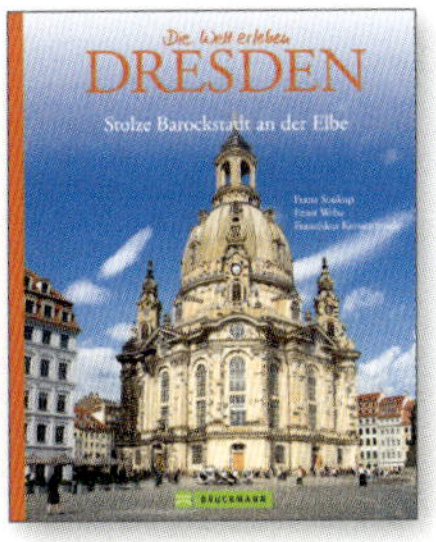

ISBN 978-3-7654-6052-4

ISBN 978-3-7654-5644-2

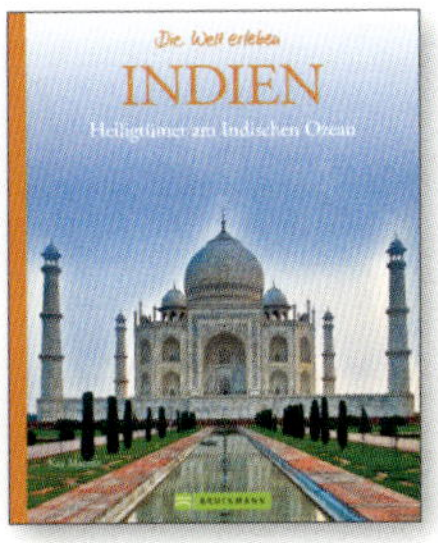

ISBN 978-3-7654-6025-8

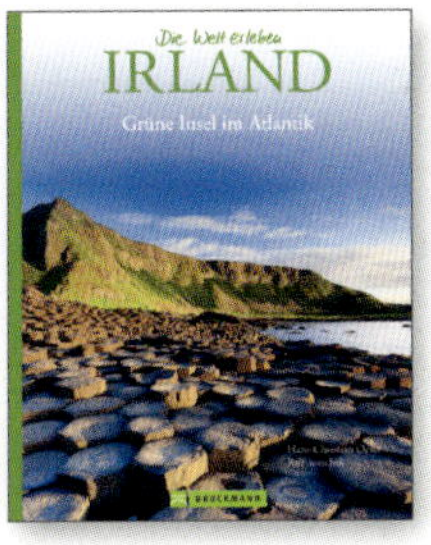

ISBN 978-3-7654-5371-7

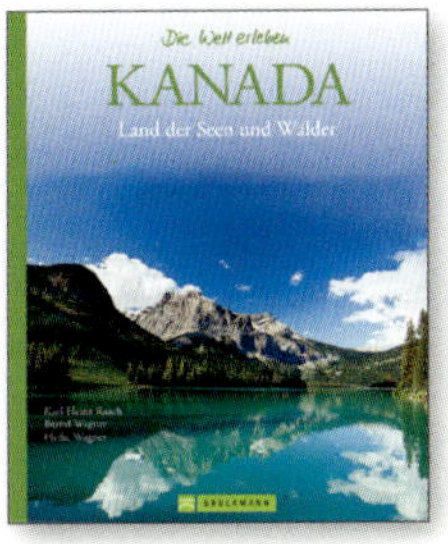

ISBN 978-3-7654-5853-8

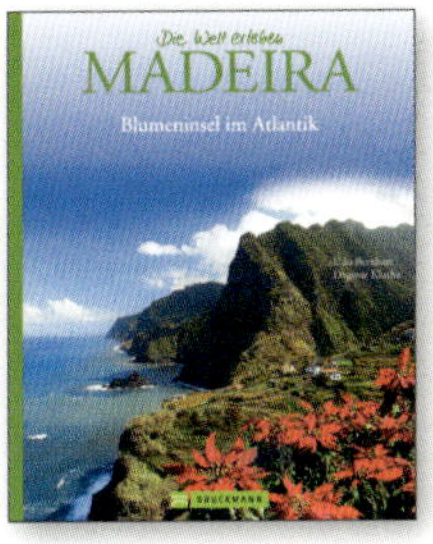

ISBN 978-3-7654-6163-7

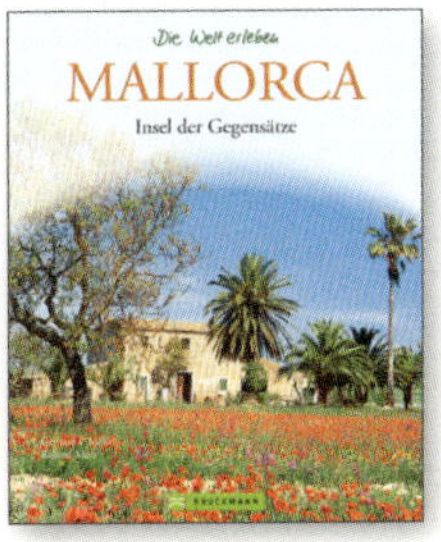

ISBN 978-3-7654-5647-3

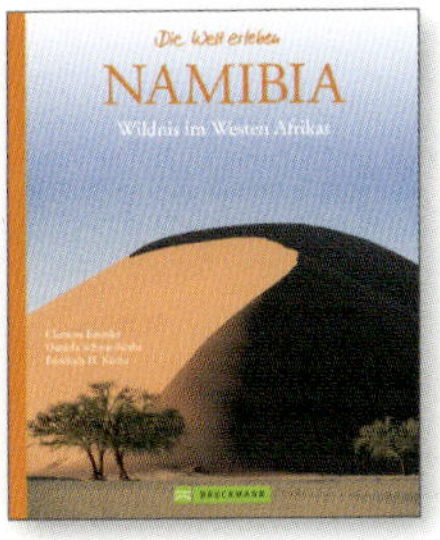

ISBN 978-3-7654-6026-5

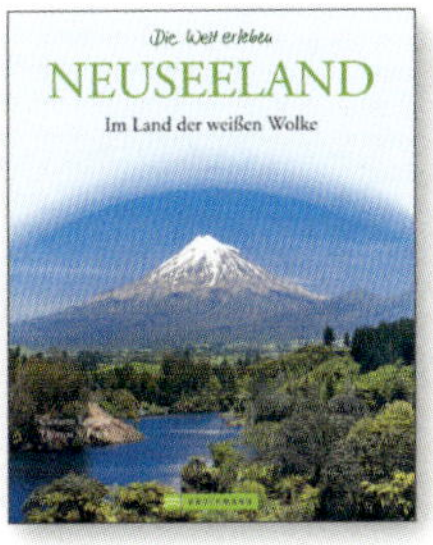

ISBN 978-3-7654-5643-5

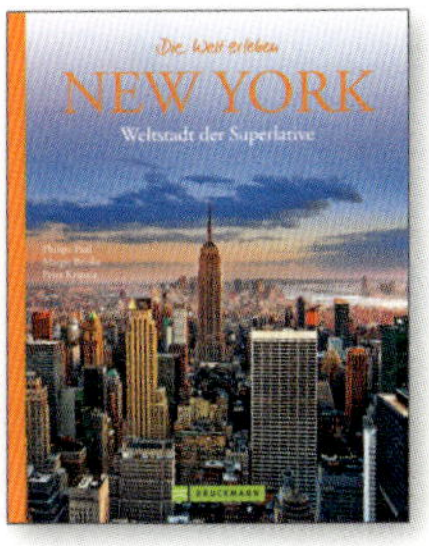

ISBN 978-3-7654-5821-7

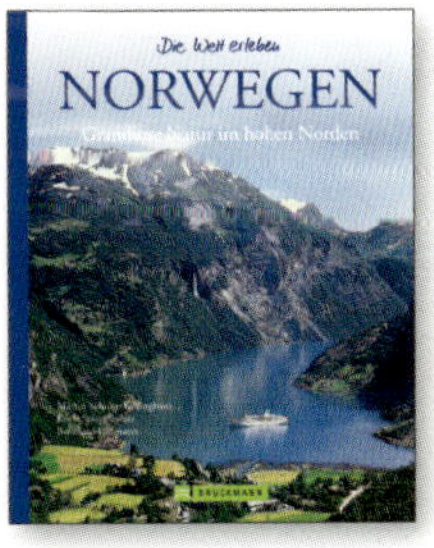

ISBN 978-3-7654-5535-3

ISBN 978-3-7654-5646-6

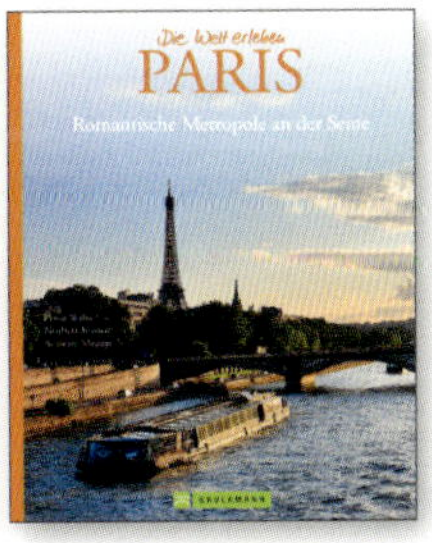

ISBN 978-3-7654-5418-9

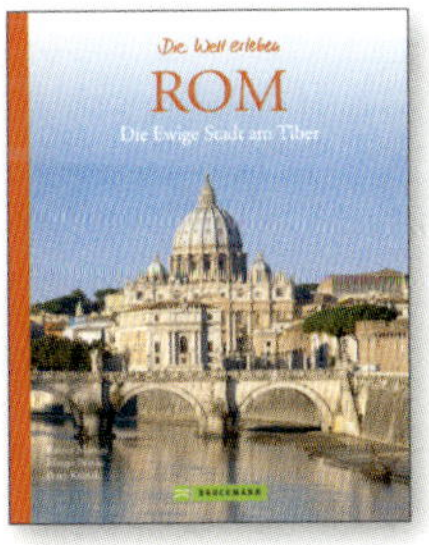

ISBN 978-3-7654-5649-7

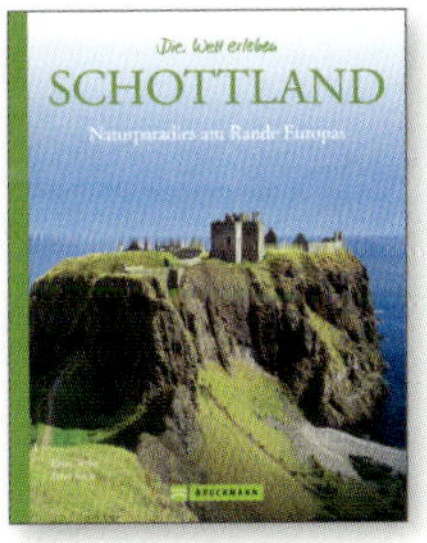

ISBN 978-3-7654-5372-4

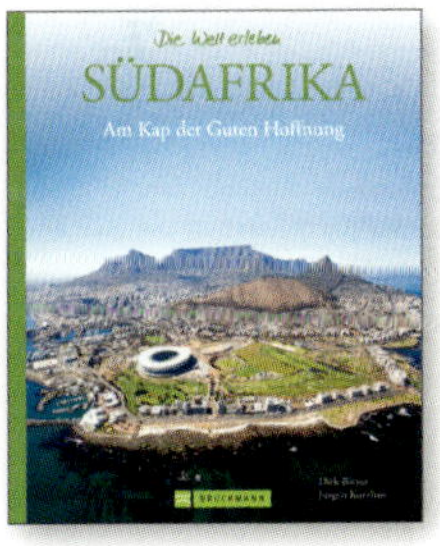

ISBN 978-3-7654-6051-7

ISBN 978-3-7654-6053-1

ISBN 978-3-7654-5642-8

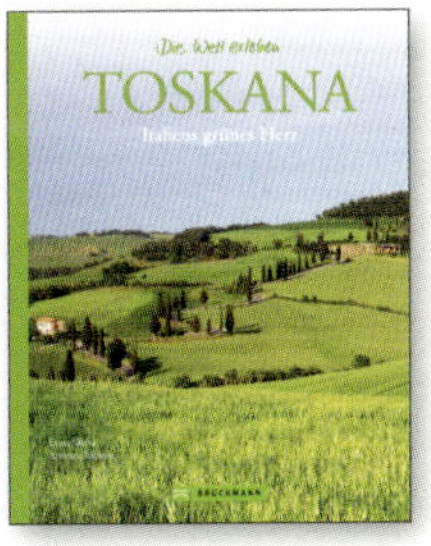

ISBN 978-3-7654-5648-0

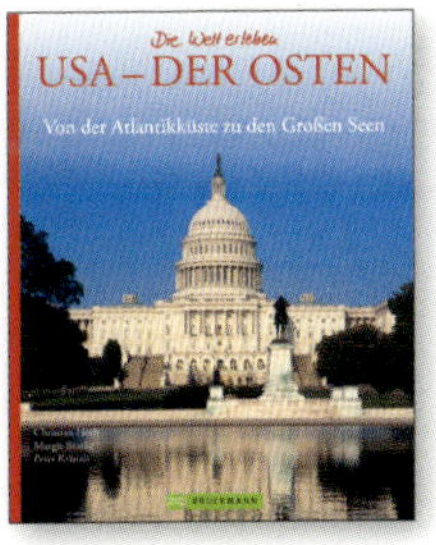

ISBN 978-3-7654-6055-5

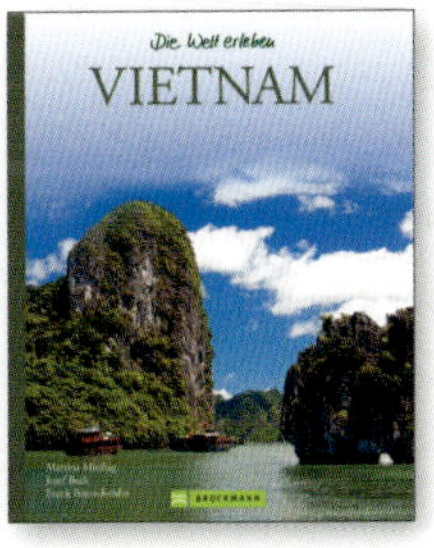

ISBN 978-3-7654-5865-1

BRUCKMANN

www.bruckmann.de